अनुभूति का जनतंत्र

भिखारी ठाकुर गोरख पांडे
एक अध्ययन

संदीप राय

Become
Shakespeare
.com

First Published in 2021

Becomeshakespeare.com

One Point Six Technologies Pvt Ltd.
119-123, 1st Floor, Building J2, B - Wing,
WadalaTruck Terminal, Wadala East,
Mumbai, Maharashtra, India, 400022.
T:+91 8080226699

ISBN - 978-93-5458-088-8

प्राक्कथन

समाजशास्त्र के एक छात्र की आत्मीयता से इस पुस्तक को लिखने का स्वाभाविक आग्रह या अग्रदूत मुझे मुख्यता मेरे ज़मीर की आवाज़ एवं अंतरआत्मा की पुकार लगती है।

सामाजिक मानव विज्ञान की परिदृष्टि से लोक कला एवं लोक साहित्य की परम्परा उतनी ही पुरानी जान पड़ती है जितनी कि स्वयं मानव इतिहास एवं मनुष्य का विषय। लोक भाषाएँ निश्चित रूप से जनता की मातृभाषा के रूप में नज़र आती हैं। संरचनावादी फ्रांसिसी मानवशास्त्री लेविस ट्रास के अनुसार भाषा अपने समाज की सबसे गहरी संरचना का हिस्सा है।

ऐसे में किसी भी साहित्यकार के साहित्यिक कार्य का मूल्यांकन उनके समाज की सामाजिक संरचना की समझ एवं देशकाल के अनुरूप करना ही समीचीन है।

भिखारी ठाकुर और गोरख पांडे, दोनों ही भोजपुरी क्षेत्र के निवासी थे। भिखारी ठाकुर के गाँव का नाम कुतुबपुर है जो अब बिहार के छपरा जिले में है। गोरख का गाँव 'पंडित का मुंडेरा' अब उत्तर प्रदेश के कुशीनगर जिले

में स्थित है। इन दोनों ही साहित्यकारों के कार्यों में भोजपूरी समाज की जीवंत झलक देखने को मिलती है।

भिखारी ठाकुर के नाटकों, गीतों एवं उनकी नाट्यशैली में साधारणतया जनता की एवं विशेषतया महिलाओं की रोजमर्रा जिन्दगी की पीड़ा उजागर होती है। गोरख पांडे ने अपनी कविताओं एवं गीतों में जनता जर्नादन की एकता, एकजुटता एवं साँझा कार्यशक्ति पर जोर दिया है।

विद्वानों ने भिखारी ठाकुर को भोजपूरी का शेक्सपीयर एवं भरतमुनी की परम्परा का नाटककार तो कहा ही, 1954 में तत्कालीन बिहार सरकार ने उन्हें ताम्रपत्र देकर सम्मानित किया (तय्यब हुसैन पीड़ित, 2008)

गोरख पांड़े के गीत 'जनता के चले पलटनिया, हिल्लेले झकझोर दुनिया' को नई दिल्ली के एक संगीत समुह इंडियन ओशियन ने गा कर विश्व प्रसिद्ध बना दिया है। इंडियन ओशियन राहुल राम के नेतृत्व में भारत का अग्रणी फ्यूज़न बैंड है जो प्रायः देश-विदेश गोरख पांडे के इस गीत का गायन एवं मंचन करता है।

मैं खुद एक भोजपुरी भाषी हूँ। समाजशास्त्र में परास्नातक की डिग्री प्राप्त कर जब मैंने एम.फिल करने का निर्णय लिया, तब मैंने यह महसूस किया कि किसी भाषा या बोली और उस समाज के मध्य अन्तर्सम्बन्धों की समझ हेतु, भोजपुरी समाज का उदाहरण लेते हुए साहित्य के

समाजशास्त्र की परिधि में भिखारी ठाकुर एवं गोरख पांडे की रचनाओं पर शोध अतिउत्तम सिद्ध होगा। भिखारी ठाकुर एवं गोरख पांडे की रचनाओं में भोजपुरी समाज की जो छवि प्रतिबिम्बित है, उसकी समझ से भोजपुरी समाज के मानवीय संबंधों का आकार एवं उसकी संरचना का समाजशास्त्रीय विश्लेषण सहज बन जाता है। यदि हम इस सूत्र को सैद्धान्तिक स्तर पर प्रयोग कर अन्य समाजों के भी मानवीय संबंधों, समाज एवं भाषा/बोली के अन्तर्सबंधों का समाजशास्त्रीय विश्लेषण करें तो यह उनमें भी सहायक हो सकता है।

घोर पूंजीवाद के इस मौजूदा दौर में पितृसत्ता एवं पितृसत्तात्मक सामाजिक संरचना के सामाजिक समीकरणों ने मुझे मेरे एम.फिल शोध प्रबंध को एक पुस्तक के रूप में प्रस्तुत करने को प्रोत्साहित किया है, जिसके विभिन्न एवं लगभग सभी आयाम मेरी अपनी बोली एवं मातृभाषा भोजपुरी में समाहित है।

दिल्ली स्कूल ऑफ ईकानॉमिक्स से किये अपने एम.फिल. शोध को जिन दिनो मैं एक पुस्तक का रूप देने की सोच रहा था, उन दिनों मै दुर्धटना ग्रस्त होकर वर्षों तक बिस्तर पर था। तमाम शल्यक्रियाओं के उपरान्त, मैं हर वक्त भयकर पीड़ा में रहता था। ऐसी हालत में मेरी माँ जिन्हें मै मम्मा कहता हूँ, मेरी मुख्य प्रेरणा स्त्रोत बनीं। मेरे शिक्षकों प्रोफेसर आनन्द, नन्दिनी एवं शहाना की

शिक्षा हमेशा मुझे अकादमिक बल देती रही। वे फोन पर ही मुझे ढ़ाढस देते हुए निरन्तर मेरा मार्गदर्शन भी करते रहे। गोरखपुर में प्रोफेसर आलोक कुमार के सानिघ्य में मैं पढ़ता रहा, लिखता रहा। उन्होने मुझे शैक्षणिक एवं अकादमिक तकनीकियों से आलोकित करते हुए इस पुस्तक को पहले अंगे्रजी और फिर हिंदी में भी लिखने में मेरी अपार मदद की। गोरखपुर विश्वविद्यालय के भूतपुर्व कुलपति प्रोफेसर अशोक कुमार ने मेरी पहली पुस्तक जो अंग्रजी में है, उसका लोकापर्ण करते हुए उसको हिंदी एवं भोजपुरी दोनो ही भाषाओं में रूपान्तिरित करने का महत्वपूर्ण सुझाव देते हुए मेरा बहुत उत्साह वर्धन किया।

भिखारी ठाकुर एवं गोरख पांडे के साहित्यिक कार्यों पर शोध के क्रम में मैंने यह महसूस किया कि इन दोनों साहित्यकारों एवं भोजपूरी कलाकारों के कार्यों का मुल्यांकन उनकी सामाजिक-राजनीतिक एवं समाजिक-ऐतिहासिक पृष्ठिभूमि में करना ही सटीक होगा। इन बिन्दुओं से अछूता कार्य अपूर्ण हो सकता है। इन दोनों बिन्दुओं से ही भिखारी ठाकुर एवं गोरख पांडे की भाषा, साहित्य और कला के महत्वपूर्ण होने की बात स्पष्ट होती है एवं सामने भी आती है। इन सब बातों के साथ मेरी मातृत्व संवेदना ने मुझे एक ऐसे शोध एवं इस अकादमिक प्रयत्न हेतु प्रेरित किया है।

आभार

सर्वप्रथम मेरी मम्मा जिन्होने 2010 में हुई मेरी भीषण दुर्घटना के बाद मुझमें प्राण प्रवाहित कर मुझे पुनः एक नया जीवन ही दे दिया है। मेरे पापा जो सदैव मेरे साथ रहे। प्रोफेसर अलोक कुमार, जिनके सानिध्य में और जिनकी विशेष सहायता से मैं इस पुस्तक को भी पूर्ण कर सका। उन्होंने शीर्षक भी सुझाया। मेरे छोटे भाई सर्वेश और बाबू मनदीप, जिन्होंने नित्य मेरी मदद एक नये और पहले दिन की ही भाँति की। गोरखपुर के मेरी हिन्दी दुनिया के अभिन्न साथी भाई मनोज सिंह एवं प्रोफेसर सदानंद शाही का मै बहुत आभारी हूँ। आप दोनो ने मुझे साहित्यिक बल दिया है।मेरे विद्यालय दिल्ली स्कूल ऑफ इकोनामिक्स के मेरे अध्यापक गण नंदिनी और आनंद, जो मेरी अकादमिक अभिव्यक्ति के अविभाज्य इकाईयां बन चुके हैं। अनुजा और रबिन्द्र को मै प्रायः धन्यवाद देता हूँ, आज विशेष रूप से क्यों कि उन्होने मुझे इस शोध को पूर्ण करने में मेरे मार्ग दर्शक की भूमिका अदा की है। हाल में ही सतीष मुझे फिर मिल गये। पहले मै उनके अध्यापन से प्रभावित था। इस पुस्तक को पूर्ण करने में सतीष एक प्रेरणा श्रोत की भूमिका में अदृश्य रूप से मेरे साथ रहे। दिल्ली विश्व विद्यालय में मै किरोणीमल कालेज की अपनी शिक्षिका शहाना को

धन्यवाद करता हुं, जो आज भी मुझे फोन पर ही राह दिखाती हैं।अवनीश भईया एवं विवेकानन्द भईया का मै शुक्रगुजार हूँ, वे मुझे मानसिक बल देते रहे। घोडा खाल के अपने सहपाठियों और सीनियर्स को विशेष धन्यवाद है, वे मेरी आर्थिक सहायता करते रहे।डा0 शकुन्तला मिश्रा पुर्नवास विश्वविद्यालय, लखनऊ के अपने दृष्टि बाधित, मूक बधिर, अन्य निः शक्त छात्रों के साथ, मै विशेष रूप से आनंद, हेमन्त, श्रृष्टि, ललित, सचिन एवं दिनेश के प्रति अपना आभार प्रकट करता हूँ। अन्ततया पर न्यूनतम कदापि नही, मै विन्ती, विवेक एवं रीसू के प्रति हार्तिक रूप से आभारी हूँ। प्रणाली एवं श्रेयस को अनेक धन्यवाद देता हूँ।

अनुक्रम

भूमिका

इस पुस्तक में मैंने 19वीं शताब्दी और 20वीं शताब्दी के दो प्रसिद्ध भोजपुरी[1] कवियों क्रमशः भिखारी ठाकुर और गोरख पांडेय के साहित्य के माध्यम से समाज एवं साहित्य के मध्य संबंधों का विश्लेषण करने का प्रयास किया है| ठाकुर के साहित्य में मैने उनके नाटकों एवं उनकी कविताओं को अपने अध्ययन में शामिल किया है जबकि गोरख पांडेय के साहित्य में मैंने उनकी कविताओं एवं गीतों को अपने अध्ययन केन्द्र में रखा है| यह साहित्य प्रायः प्रभुत्व वर्ग की विचारधारा के विरुद्ध क्रांतिकारी एवं

1. भोजपुरी क्षेत्र राजनीतिक सीमाओं से परे एक सांस्कृतिक इकाई है। इस क्षेत्र में भारत के उत्तरप्रदेश राज्य का पूर्वी भाग एवं बिहार राज्य का पश्चिमी भाग शामिल है। उत्तर में यह गंगा नदी तक फैला है और नेपाल की सीमा से लगा हुआ है जो हिमालय की निम्न श्रेणियों से लेकर चम्पारन से बस्ती तक विस्तृत है। दक्षिण में यह सोन नदी से लेकर छोटानागपुर के पठारों तक फैला हुआ है जहां यह बंगाल के मनभूमि, सिंहभूमि का ओड़िया प्रदेश एवं छोटानागपुर के बिखरी हुई आदिवासी भाषाओं को स्पर्श करता है। भोजपुर क्षेत्र में कुछ पचास हजार वर्ग मील का क्षेत्र शामिल है और कुल भारतीय जनसंख्या के लगभग 15% लोग भोजपुरी बोलते हैं।

प्रतिरोध के साहित्य के रूप में देखा जाता है| मार्क्सवादी विचारधारा/सिद्धांत में (जिसे हम आगे के अध्यायों में देखेंगे) 'प्रभुत्व वर्ग की विचारधारा' पारिभाषिक पद का आधुनिक पूंजीवादी समाजों में सामाजिक क्रम के प्रमुख घटक के रूप में सामान्यतः साझी विश्वास प्रणाली, चरम मूल्यों, एवं सामूहिक संस्कृति के सिद्धांतों के रूप में प्रयोग किया जाता है| निष्कर्षतः यह कहा जा सकता है कि वर्ग विभाजित समाजों में, प्रभुत्व वर्ग भौतिक उत्पादन के साथ-साथ विचारों के उत्पादन को भी अपने नियत्रण में रखता है| यह सम्बद्ध विश्वासों का एक ढांचा विकसित करता है जो अपने आश्रित/अधीनस्थ अर्थ प्रणालियों पर शासन करता है एवं जिसके परिणामस्वरूप यथास्थिति के हित में श्रमिक वर्ग की चेतना का निर्माण करता है| प्रभुत्व वर्ग जनसमूह के बीच कृत्रिम चेतना को फैलाता है जिससे वे अपने वर्ग हित की रक्षा करने में अक्षम हो जाते हैं। दूसरे शब्दों में कहे तो, प्रभुत्व वर्ग की विचारधारा शासक वर्ग के समाज में श्रमिक वर्ग को शामिल करने के लिए कार्य करती है| जिससे सामाजिक सामंजस्य को बनाए रखने में सहायता मिलती है| भिखारी ठाकुर और गोरख पांडेय का रचनात्मक कार्य, समाज की भौतिक संरचना एवं विद्यमान वर्ग संबंधों का आलोचनात्मक दृष्टिकोण प्रस्तुत करते हुए इस कृत्रिम चेतना का विरोध करता है|

प्रस्तुत पुस्तक में मैंने यह तर्क प्रस्तुत किया है कि इन लेखकों के रचनात्मक कार्य का अभिप्राय आन्दोलन

के प्रसार (रूसी क्रांति के एजिट्प्रोप और प्रोलेत्कल्ट की रणनीतियों से उधार लिया गया विचार) के बजाय प्रमुखतः अपने काव्य के सौन्दर्यात्मक गुणों के माध्यम से प्रसिद्धि पाना है| प्रोलेत्कल्ट एक तरह से पोर्टमैंथु अथवा “प्रोलेतर्स्कांया कुलतुरा”[2] रूसी ‘सर्वहारा संस्कृति’ का संयोजन है| यह 1917 से 1925 तक सोवियत संघ में सक्रिय आन्दोलन था जिसका उद्देश्य सर्वहारा कला को बुर्जुआ प्रभाव से पूर्णतया मुक्त कर इसके लिए नींव प्रदान करना था| इसके प्रमुख सिद्धांतकार अलेक्जेंडर बोग्दानोव (1873-1928) थे जिन्होंने प्रोलेत्कल्ट को क्रांतिकारी समाजवाद के तीसरे प्रमुख घटक के रूप में देखा| जहां संघ सर्वहारा आर्थिक हितों को देख रहा था और कम्युनिस्ट पार्टी अपने राजनीतिक हितों को, वहीं प्रोलेत्कल्ट अपनी सांस्कृतिक एवं आध्यात्मिक हितों को देख रहा था|

दूसरी तरफ एजिटप्रोप एक तरह की राजनीतिक रणनीति थी जिसमें जनता के अभिमत को प्रभावित एवं संगठित करने के लिए आन्दोलन एवं प्रचार की तकनीक इस्तेमाल की जाती थी| यद्यपि यह रणनीति दोनों स्तरों पर एक जैसी थी और सोवियत संघ में साम्यवादियों द्वारा विशेष आग्रह के साथ व्यवहार में लाई जा रही थी| यह पारिभाषिक पद बोल्शेविक रूस में प्रचलन में आया| वास्तव

2. http://en.wikipedia.org/wiki/Proletkult

में, रूसी भाषा के इस "प्रोपगैंडा" पद में उस समय कोई नकारात्मक अर्थ शामिल नहीं हुआ था| इसका साधारण सा अर्थ "विचारों का प्रचार प्रसार"[3] था| एजिटप्रोप के मामले मे इसका कार्य साम्यवादी दल एवं सोवियत संघ की नीतियों की व्याख्या के साथ साथ साम्यवाद का प्रचार था| दूसरे सन्दर्भ में, प्रोपगैंडा का अर्थ किसी भी प्रकार के लाभकारी ज्ञान के प्रचार प्रसार से है जैसे कृषि क्षेत्र में नई तकनीक इत्यादि| आन्दोलन का अर्थ लोगों से उन कार्यों को करने के लिए आग्रह करना है जैसा कि सोवियत संघ के नेता बार-बार और विभिन्न स्तरों पर उनसे करने की अपेक्षा रखते हैं। दूसरे शब्दों में कहें तो प्रोपगैंडा मस्तिष्क पर कार्य करता है जबकि आन्दोलन भावनाओं पर कार्य करता है| यद्यपि दोनों सामान्यतः साथ साथ चलते है| इस प्रकार "प्रोपगैंडा और आन्दोलन" दो शब्दों का आविर्भाव हुआ| पद एजिटप्रोप ने एजिटप्रोप थिएटर के उदय में सहायता की जो 1920-1930 के यूरोप में विकसित साम्यवादी थिएटर था और जल्द ही अमेरिका में भी फैलने लगा। यह मूलतः ब्रेख्त के नाटकों के साथ ही आरम्भ हुआ था| कलाकार और अभिनेता साधारण नाटको का गांवों के मध्य से गुजरते हुए प्रदर्शन करते थे और अपने प्रोपगैंडा का प्रचार करते थे| धीरे धीरे पारिभाषिक शब्द एजिटप्रोप को प्रत्येक तरह के वामपंथी राजनीतिक कला के रूप में व्याख्यायित किया जाने लगा|

3. http://en.wikipedia.org/wiki/proletkult

आंदोलन और प्रचार दोनों ही रणनीतियों पर सर्वप्रथम मार्क्सवादी विचारक गोर्गी प्लेखानोव (1898) ने विस्तार से विचार किया है| उनके अनुसार प्रचार एक वैयक्तिक अथवा लघु समूह के बहुत सारे विचारों की उद्घोषणा है और आन्दोलन वृहद जनसमूह के एकमात्र विचार की उद्घोषणा है|[4] इन धारणाओं पर विस्तार से विचार करते हुए व्लादीमीर लेनिन अपने लेख "व्हाट इज टू बी डन" (1902) में स्पष्ट करते है कि प्रचारक, जिनका बुनियादी माध्यम मुद्रण (प्रिंट) है, सामाजिक असमानताओं जैसे कि बेरोजगारी अथवा भूख के कारणों को व्याख्यायित करता है जबकि एक आन्दोलनकर्ता जिसका बुनियादी माध्यम भाषण है, इन मुद्दों के भावनात्मक पक्ष का इस्तेमाल करते हुए अपने श्रोताओं को आक्रोशित और कार्रवाई करने के लिए प्रेरित करता है| आन्दोलन, जनता के कष्टों को खत्म करने के लिए प्रयुक्त किया गया एक राजनीतिक नारा और अर्धसत्य है जिससे जनमत को प्रभावित एवं संगठित किया जा सके| जबकि इसके विपरीत, प्रचार (प्रोपगैंडा) समाज के शिक्षित और तथाकथित बौद्धिक रूप से जागरुक सदस्यों को शिक्षित करने के लिए ऐतिहासिक और वैज्ञानिक बहसों का तार्किक उपयोग है|

4. Agitprop.Encyclopedia Britannica. 20089. Encyclopedia Britannica Online. 25 Sep. 2009 .http://www.britannica.com/EBchecked/topic/9224/agitprop.

पूरे शोध कार्य के दौरान मेरी मुख्य चिन्ता सामाजिक - राजनीतिक साहित्य में इस निरंतर सौन्दर्यशास्त्रीय, आंदोलनकारी और प्रचारात्मक आयामों को देखना है। इस अभिकथन/ निष्कर्ष की इस पुस्तक के आगे के अध्यायों में 'पॉलिटिक्स' (राजनीति) एवं 'एस्थेटिक्स' (सौन्दर्यशास्त्र) जैसे बीज शब्दों के विवेकपूर्ण अध्ययन के माध्यम से विस्तार से चर्चा की गई है| जॉक रैन्सियर (2005) के अनुसार, 'राजनीति स्थापित क्रम में समान मान्यता प्राप्ति के लिए एक मान्यता रहित पार्टी/दल का संघर्ष है| वे आगे कहते है कि राजनीति स्वयं में सत्ता का प्रयोग अथवा सत्ता के लिए संघर्ष नहीं है| सबसे पहले यह "राजनीतिक" रूप में दिक का संरूपण, अनुभवों के विशेष क्षेत्र का निर्माण, "सामान्य" के रूप में उठाए गए उद्देश्यों का निर्धारण और इनके कर्ताओं जिनके पास इन उद्देश्यों को स्थापित करने की क्षमता है और इसके बारे में बहस करते हो, है| इसलिए राजनीति सर्वप्रथम अनुभवों के विशेष दायरे के अस्तित्व का विरोध/संघर्ष है| इसके अलावा, इस संघर्ष में सौन्दर्यशास्त्र भी शामिल है क्योंकि यह संघर्ष समाज का प्रतिबिम्ब होता है कि क्या कहना और क्या दिखाना अनुमतियोग्य है| किसी भी तरह के अनुभव के लिए आवश्यक तार्किक शर्तों के रूप में दिक और काल के सिद्धांत का सन्दर्भ देते हुए मैंने यहां 'एस्थेटिक्स' जैसे पारिभाषिक शब्द का इस्तेमाल "प्रॉएरी फॉर्म्स ऑफ सेंसिबिलिटी" (कांट 1900) के कांट के विचार के अर्थ में किया है| अतः मैंने साहित्य को कला

एवं सुरुचि दोनों ही रूपों और साथ ही आवश्यक रूप से दिक एवं काल के रूप में भी देखा है| यह समाज में हमारे 'स्थान(दिक)' के संरूपण के रूप में दिक और काल के साथ संवाद करता है|

यही तरीका है जिससे साहित्य के सौन्दर्यबोध में 'प्रॉपगैंडिस्ट' (प्रचारात्मक) संवेगों को समझना सम्भव है| ए.पी. फॉल्क्स(1983) के अनुसार, किसी भी प्रॉपगैंडा में सांस्कृतिक, सामाजिक और एतिहासिक शर्तें होती हैं जिसके अन्दर यह प्रस्तुत होती हैं और इसकी पहचान अवलोकन करने वाले व्यक्ति के संबंधित दृष्टिकोण पर निर्भर करती है| इस विस्तार के कारण, सभी प्रॉपगैंडिस्ट अवसर पहचाने नहीं जा सकते है| इसका एक तरीका है जिसमें जॉक ईलल (1973) प्रॉपगैंडा को इसके अंतर में निहित आन्दोलनकारी उद्देश्यों को देखने के द्वारा परिभाषित करते हैं। उनका दावा है कि आन्दोलन का प्रोपगैंडा सामान्यतया विनाशक और विपक्षीय होता है| यह एक स्थापित व्यवस्था को पलटने की कोशिश करता है, लेकिन साथ ही आदतों, विश्वासों और न्याय के मनोवैज्ञानिक अवरोधों को भी पहचानने के लिए प्रयुक्त किया जाता है| उसी समय में प्रॉपगैंडा का एक एकीकृत प्रभाव है जो स्थाई व्यवहार प्राप्त करने में जड़ता और समनुरुपता भी उत्पादित करता है| प्रोपगैण्डा का प्रभाव इस कारण से प्रभावहीन हो सकता है क्योंकि यह समाज के स्वाभाविक परिवर्तन के लिए प्रयास करता है, जैसे

कि न केवल उनके पास समाज में परिवर्तन के लिए क्रान्तिकारी क्षमता होती है बल्कि वे यथास्थितिवाद को भी सरलता से बनाये रखते हैं। इस प्रकार हम प्रभुत्व वर्ग और समाज के विरोधी मूल्यों और विचारधाराओं के बीच समझौते को देख सकते हैं। तदनुसार, मैंने अपने शोध के माध्यम से यह दिखाया है कि पांडेय और ठाकुर का रचनात्मक साहित्य प्रभुत्वशाली विचारधाराओं के प्रतिरोध में होने के बावजूद, वे प्रचारात्मक (प्रॉपगैंडिस्ट) साहित्य के दायरे में आते हैं और अपने सौन्दर्यबोधीय आकर्षण के कारण प्रसिद्धि भी पाते हैं| तदनुसार मैंने भोजपुरी साहित्य में क्रांतिकारी लेखन आन्दोलन को सौन्दर्यबोधीय आन्दोलन के रूप में पुनर्स्थापित किया है, जिसमें स्त्रियों, मजदूरों और हाशिए के लोगों के व्यवहारों को शामिल किया है जो अपने अनुभवों को आवाज़ दे सकने में अक्षम हैं।

वास्तव में, साहित्य और समाज के बीच का संबंध बहुमुखी है और साहित्य के विद्वानों और समाजशास्त्रियों द्वारा इस पर समान रूप से विचार किया गया है| इस संबंध की चार बड़ी विशेषताएं पाई जाती है:1) कि साहित्य समाज को प्रतिबिम्बित करता है अर्थात समाज के प्रभुत्वशाली मानदंडों के माध्यम से इनका अनुसरण करता है अथवा उत्पन्न होता है, 2) कि साहित्य समाज को प्रभावित करता है अथवा यह समाज के प्रचलित मानदंडों का अनुसरण नहीं करता और यह विद्यमान समाज के अन्दर क्रांतिकारी साहित्य के रूप में देखा जाता है| ये अक्सर प्रतिरोधी

साहित्य के रूप में जाने जाते हैं। प्रतिरोधी साहित्य को वशीभूत जनता के बीच राजनीतिक चेतना के विकास के लिए एक महत्वपूर्ण घटक के रूप में माना जाता है| 3) कि साहित्य सामाजिक व्यवस्था को बनाए रखने अथवा न्यायोचित ठहराने हेतु कार्य करता है और प्रभावस्वरूप सामाजिक नियंत्रण बना रहता है| अक्सर यह प्रॉपगैंडा कला के दायरे में आता है, और 4) साहित्य इन तीनों के मध्य अपने तरीके से संवाद कायम करता है और इस प्रक्रिया में उसे प्रसिद्धि और जनाकर्षण मिलता है| अंततोगत्वा सभी चारों धारणाएं साहित्य और समाज के मध्य पारस्परिक संवाद पर जोर देती हैं।

इस पुस्तक में तीसरे और चौथे वर्गीकरण पर विशेष जोर दिया गया है क्योंकि यहीं पर इस विश्लेषण के प्रमुख विषय को प्रस्तुत करने के लिए प्रेरणा प्राप्त होगी| ये विषय मार्क्सवादी साहित्य सिद्धांत की पृष्ठभूमि के विरुद्ध निर्धारित हैं, जो कि 1920 के दौरान के बृहद सांस्कृतिक अध्ययन के भाग रूप में खुलते है|[5] शास्त्रीय

5. साहित्यिक सिद्धांत के अन्य बहुत सारे प्रसिद्ध स्कूल है जिसमें ये विभिन्न विषय पहले से अस्तित्व में थे यथा सांस्कृतिक अध्ययन (जो प्रतिदिन जीवन में साहित्य की भूमिका पर जोर देता है) रूपवाद(फॉर्मलिज़्म) (जो पाठ के भीतर विद्यमान विशेषताओं का विश्लेषण, उनकी व्याख्या एवं उनका मूल्यांकन करता है। यह साहित्य में विषयवस्तु की अपेक्षा रूप या फॉर्म के बारे में पड़ताल करता है)। उत्तर उपनिवेशवाद (जो साहित्य में उपनिवेश वाद के प्रभावों पर बल देता है)।

मार्क्सवाद की प्रवृत्ति रही है कि वह संस्कृति को चेतना के बहुत सारे निर्मिति के रूप में देखता है जो कि यद्यपि आर्थिक उत्पादन की भौतिक प्रक्रिया और स्थिरता तथा प्रभाविता के किसी भी स्वायत्त दायरे में स्थित वंचितों, जो कि विशिष्ट रूप में उनका हो, के ऊपर निर्भरता के रूप में देखा जाता है| प्रस्तुत विश्लेषण में मार्क्सवाद के साहित्यिक सिन्द्धात को लिया गया है जिसमें समाज में संघर्ष के विषयों के ऊपर जोर दिया गया है| इस शैली के अनुसार साहित्य को आधार और संरचना के मध्य संबंध के परिणाम के रूप में देखा जा सकता है। इस प्रकार साहित्यिक संस्कृति के उत्पाद पूंजीवाद और बुर्जुआ विचारधाराओं के हित में कार्य करते हैं। इसके अतिरिक्त इन साहित्यिक उपकरणों के पूर्व टेक्स्ट (पाठ) का पाठक पैसिव (अप्रतिक्रियाशील पाठक) के रूप में व्याख्यायित किया गया था| इन उपकरणों को प्रॉपगैण्डा द्वारा प्रबल विचारधारा के पक्ष में जनमत को प्रभावित करने में एक महत्त्वपूर्ण भूमिका निभाता देखा गया है|

तथापि बीते दशकों में साहित्य के समाजशास्त्र में किए गए कार्य से एक बहुत महत्त्वपूर्ण दिशा मिली है जिसमें पाठक

संरचनावाद और उत्तर संरचनावाद (जो भाषा विज्ञान के माध्यम से संस्कृति में तर्कसंगतता की व्याख्या एवं उसकी आलोचना करता है, जेंडर स्टडीज़ (जो लिंग आधारित संबंधों के विषयों पर जोर देता है) और इसी तरह अन्य कई अनुशासन।

को लेखक की रचना का अप्रतिक्रियाशील (पैसिव) पाठक/रिसीवर (प्राप्तकर्ता) होने के बजाए रचनात्मक प्रतिनिधि के रूप में पुनः परिभाषित किया गया है| समाजशास्त्रियों ने यूरोपीय "रिसेप्शन एस्थेटिक्स"[6] (अभिग्रहण सौन्दर्यशास्त्र) को साहित्यिक अर्थों की निर्मिति को समझने हेतु प्रयुक्त किया है| रिसेप्शन एस्थेटिक्स के प्रस्तावकों का तर्क है कि पाठक कभी भी टेक्स्ट (पाठ) के पास खाली स्लेट की तरह नहीं आता| विभिन्न समूहों अथवा वर्गों के पाठक का किसी एक 'पाठ' के बारे में उनके भिन्न-भिन्न विचारों/विवेक एवं अपेक्षाओं पर समाज विज्ञानियों ने गहन विचार किया है| लेखक "हर टेक्स्ट (पाठ) का एक 'अंतर्निहित पाठक' होने की प्रक्रिया को कम करने की कोशिश करता है (आइसेर -1974) लेकिन वह इसे नियंत्रित नहीं कर पाता|

रिसेप्शन एस्थेटिक्स साहित्य के समाजशास्त्र में शोध के मुद्दों को बदलने में सफल हुआ है लेकिन कई हिस्सों में क्योंकि प्रचलित संस्कृति के विद्यार्थियों के मध्य अपना

6. रिसेप्शन सिद्धांत पाठक प्रतिक्रिया साहित्य सिद्धांत का एक संस्करण है जो एक साहित्यिक टेक्स्ट (पाठ) पर पाठक के अभिग्रहण (रिसेप्शन) पर जोर देता है (जिसे श्रोता अभिग्रहण भी कहा जाता है)। साहित्य में, यह मत 1960 में हैंस जॉस के साहित्य लेखन के माध्यम से अस्तित्व में आया। अभिग्रहण (रिसेप्शन) सिद्धांत पश्चिमी यूरोप के कुछ उल्लेखनीय कार्यों के बीच जर्मनी और संयुक्त राष्ट्र अमेरिका (फ्रंटियर 132) में 1970 एवं 1980 के शुरुआती दौर के दौरान में सबसे ज्यादा प्रभावी था।

स्थान बनाते हुए यह अन्य सैद्धांतिक उन्नतियों के साथ संवाद करता है जिनमें से लोगों को खुद ही सार्थक अर्थ सृजन की योग्यता प्रदान करता है| जहां एक तरफ जनसंस्कृति के सिद्धान्तकारों एवं वर्चस्वशाली तर्कों ने जन-उत्पादित सांस्कृतिक उत्पादों के अवलम्ब को वैचारिक संकल्पना में ढाला, वहीं इसके विपरीत निराश्रित आवाजों, जो लोग ब्राइकोल्यूर्स[7] से काफी साम्यता रखते थे, ने इसका विरोध किया और जो भी चींजे उनके पास उपलब्ध थीं, ठीक उसी का अर्थपूर्ण उपयोग करने लगे| इसके अतिरिक्त इन अर्थों ने सांस्कृतिक प्रत्ययों के विषय के रूप में प्रस्तुत शक्ति संबंधों को अधिकांशतः उलट दिया|

यह दृष्टिकोण राजनीतिक रूप से मजबूत है क्योंकि इसने अपने पूर्ववर्ती उपेक्षित लेखन शैलियों जैसे क्षेत्रीय साहित्य, कविताएं और पाठों (टेक्स्ट) का सम्मान किया| तथापि ये

7. पारिभाषिक शब्द ब्राइकोलॉज अनेक अनुशासनों में प्रयुक्त किया जाता है जिसमें उनके बीच दृश्यकला (विजुअल आर्ट्स) और साहित्य में इस प्रक्रिया द्वारा विभिन्न प्रकार की चीजों से किसी एक निर्माण अथवा निर्मिति का संदर्भ देते हुए दो तरह के कार्यों का निर्माण किया जाता है। यह पारिभाषिक शब्द फ्रांसीसी शब्द ब्रिकोलॉज से लिया गया है। जिसका फ्रांसीसी भाषा में मूल अर्थ है कि, ''पास में उपलब्ध पदार्थों का सर्जनात्मक एवं साधनसम्पन्न/ उपायकुशल उपयोग किया जाना''; समकालीन फ्रांसीसी भाषा में इस शब्द का अर्थ अंग्रेजी के 'स्वयं करों' के अर्थ से साम्य रखता है। कोई व्यक्ति जो ब्रिकोलॉज में संलग्न रहता है, वह ब्रिकोल्यूर है।

मेहनतकश जनता की मुखरता के प्रतीक के रूप में पुनः व्याख्यायित किए गए और सामाजिक विशेषाधिकारों तथा सांस्कृतिक पूंजी से हीन समूहों द्वारा इसका उपयोग किया गया| इन शैलियों में एक निश्चित प्रकार के प्रतिरोध का स्वर पाया जाता है| निश्चय ही, इसके पश्चात भिखारी ठाकुर और गोरख पांडेय के साहित्यालेखन को प्रोलेत्कल्ट और एजिटप्रॉप रणनीतियों के सन्दर्भ में समझना संभव होगा|

उपर्युक्त अभिकथन पर विचार करने के साथ इस पुस्तक में साहित्य को केवल वर्चस्वशाली बुर्जुआ विचारधारा के एक उपकरण के रूप में न समझकर इससे अधिक के रूप में विचार किया गया है| निश्चय ही, यह उन प्रक्रियाओं की पहचान करता है जो निम्नलिखित तरीकों से सामाजिक राजनीतिक साहित्य को देखे जाने के लिए समर्थ बनाता है-

1. मार्क्सवादी साहित्य सिद्धांत द्वारा दिए गए तर्कों के विरोधस्वरूप, साहित्य को वर्चस्वशाली बुर्जुआ विचारधाराओं से हटते हुए देखना सम्भव है| इस तरह पाठ, कविताएं और लेखन की अन्य शैलियों को वर्चस्वशाली वर्ग द्वारा फैलाए जाने वाली छद्म चेतना के प्रतिरोध के रूप में देखा जा सकता है|

2. इसके अतिरिक्त, साहित्य को सौन्दर्यशास्त्र के एक उद्यम के रूप में देखना सम्भव है, जिससे

अपने मनोरंजन एवं आनन्द के मूल्यों के मायने में शुद्ध रूप से इसका विश्लेषण किया जा सके एवं अनुभव किया जा सके| तथापि, सौन्दर्यशास्त्रीय मानदंड जिसके ऊपर ऐसे फैसले निर्भर है वे हमेशा स्पष्ट रूप से स्थापित नहीं होते है|

3. लिखित साहित्य जिसे प्रायः प्रतिरोध का सहित्य समझा जाता है और समाज तथा लोगों की मानसिकता में बदलाव लाने की क्षमता से युक्त होता है, को प्रॉपगैंडावादी साहित्यिक कला के रूप में देखा जाता है| मैंने यह तर्क प्रस्तुत किया है कि क्रांतिकारी लेखन, बदलाव की प्रक्रिया को प्रतिबिम्बित करने अथवा वर्चस्वशाली मूल्यों को चुनौती देने के बजाय, मुद्दों को प्रोपगैंडात्मक बनाने में समाप्त होता है| इससे अधिक, यह प्रोपगैंडा कला के उन सौन्दर्यशास्त्रीय मूल्यों पर निर्भर होता है जिसकी आलोचना प्रायः मार्क्सवादी लेखकों द्वारा की जाती है|

4. अंततः साहित्य आवश्यक रूप से इस तरह से उन विचारों को प्रतिबिम्बित करता है जिसमें समाज व्यवस्थित है| यहाँ यह लेखकों के सामाजिक प्रभाव को प्रतिबिम्बित करता है और जिससे उनके साहित्यिक उत्पाद अपने स्त्रोताओं तक पहुंच जाये। यह हमें बताता है कि सामाजिक ऐतिहासिक सन्दर्भ (ऐतिहासिक काल,

> अर्थव्यवस्था और राजनीतिक बनावट, सामाजिक स्तरविन्यास और सांस्कृतिक अवस्थिति) लेखक के रचनात्मक कार्य की शैली और विषयवस्तु को किस प्रकार से प्रभावित करते हैं।

इस प्रयास में मैंने विशेषतः ठाकुर एवं पांडेय के रचनात्मक लेखन में भोजपुरी साहित्य का यह मामला उठाया है| हम इसमें यह देखने का प्रयास करेंगे कि दोनों लेखकों के रचनात्मक कार्य में प्रतिरोध, सौन्दर्यशास्त्रीय पक्ष, प्रोपगैंडा एवं सामाजिक संरचना के विषय कैसे प्रभावित होते हैं| वास्तव में, उनके रचनात्मक कार्य में एजिटप्रोप और प्रोलेत्कट दोनों ही रणनीतियां शामिल हैं। ठाकुर जो विगत शताब्दी में बिहार और उत्तर प्रदेश के भोजपुरी बोली क्षेत्र में लोक गायक के रूप में व्यापक रूप से प्रसिद्ध है, ने देशभक्ति से लेकर सामाजिक मुद्दों तक के विषयों पर लिखा है| उन्होंने ब्रिटिश राज के दौरान लोगों के बीच उपनिवेशविरोधी भावनाओं को जगाने का भी प्रयास किया था| अपने नाटक अर्थात "बिदेसिया" (द माइग्रेंट- प्रवासी) के लिए प्रसिद्ध भिखारी ठाकुर का जीवन और रचनात्मक लेखन इस समुदाय के प्रतिदिन के सांस्कृतिक जीवन को जानने के लिए एक प्रवेशद्वार है| बिदेसिया नाटक को देखने के लिए एक बड़ा दर्शक समूह आता था, विशेष रूप से तब जब स्वयं भिखारी ठाकुर और उनकी नाटक मंडली नाटक खेलती थी| नाटकों की प्रसिद्धि उनके सामान्य घटनाओं के वर्णन एवं प्रवासियों की पीड़ा

से सम्बंधित अनुभवों के कारण थी, यह ऐसा विषय था जो भोजपुरी दर्शकों के दिलों को छू लेता था| मनोरंजन का अंतःप्रकीर्णन तथा विद्यमान व्यवस्था पर व्यंग्य ने भी बिदेसिया थिएटर को लोक कला एवं संस्कृति के एक अत्यंत प्रसिद्ध रीति के रूप में स्थापित किया| ये नाटक विद्यमान सामाजिक विभाजनों एवं भोजपुरी प्रवासियों के विस्थापन की प्रक्रिया पर एक टिप्पणी भी है|

भिखारी ठाकुर के रचनात्मक लेखन का विश्लेषण यहाँ दिखाता है कि उनके नाटकों ने जनसंख्या के एक निश्चित वर्ग, विशेष रूप से विशेषाधिकारहीन वर्ग में ही प्रसिद्धि प्राप्त की| यह केवल भिखारी ठाकुर द्वारा पिछड़े वर्ग का शोषण करने वाली ऐसी संस्थाओं के विरुद्ध एक आलोचनात्मक दृष्टिकोण अपनाने के कारण नहीं हुआ बल्कि समाज के इन मानदंडों के बीच कम या अधिक रूप में वे स्वयं उपस्थित थे जो इस दमन और शोषण की प्रक्रिया को चलाते थे| यह महिलाओं के बारें में किए गए ठाकुर के रचनात्मक लेखन में गहरे रूप में देखा जा सकता है जिसमें एक तरफ उन्होने अपने नाटकों की क्रांतिकारी अभिनेत्रियों की लैंगिक अधिकारों के रूप में देखा जा सकता है और दूसरी तरफ वे पवित्रता और कर्तव्य के मानदंडों को मानने के लिए बाध्य भी है|

अब जबकि ठाकुर के रचनात्मक कार्य ने समाज का विस्तृत चित्र वर्णित किया है वहीं पांडेय का रचनात्मक

कार्य प्रभुत्व की संरचना के विनाश को और ज्यादा सशक्त, निरंतर तरीके से प्रस्तुत करते देखा जा सकता है। तथाकथित रूप में सन् 1989 में दिल्ली के जवाहरलाल नेहरु विश्वविद्यालय में अपने जीवन को स्वंय खत्म करने वाले कवि पाण्डेय के पास विभिन्न साम्यवादी धारा के प्रकाशन हैं जो शोषण एवं प्रतिरोध के मुद्दों पर आधारित है| पांडेय का रचनात्मक कार्य दलित एवं स्त्रीमुक्ति आन्दोलनों के सन्दर्भ में विशेष रूप से प्रसिद्ध हुआ क्योंकि यह अपने श्रोताओं को पुरानी व्यवस्था को उखाड़कर नई व्यवस्था से बदलने के लिए उत्प्रेरित करता है| आज के समय में पाण्डेय एवं ठाकुर के रचनात्मक कार्यों की लोकप्रियता विभिन्न बैंड्स जैसे कि इंडियन ओशियन एवं फिल्म 'हजारों ख्वाइशें ऐसी' के गीत में देखी जा सकती है| ये गाने अपने साधारण लेकिन प्रभावी धुनों के कारण सौन्दर्यशास्त्रीय आकर्षण रखते हैं जो वर्चस्वशाली बुर्जुआ विचारों की आलोचना करते हैं।

पांडेय और ठाकुर दोनों के रचनात्मक कार्यों का यह विश्लेषण एक रास्ता निकालता है जिसमें यह परिवर्तन और प्रतिरोध के विचारों को प्रोत्साहित करने के बजाय साहित्यः सौन्दर्यशास्त्र और प्रोपगैंडा के दायरे में रह सकता है| वास्तव में, प्रतिरोध के विषय को स्वंय ही सौन्दर्यशास्त्रीय और प्रोपगैंडावादी उद्यम बनाया जाता है| थोर्सटीन वेबलेन (1998) के अनुसार, सुन्दरता की अवधारणा स्थिति, पक्षपातपूर्ण श्रेष्ठत्व और आर्थिक मूल्यों

के विचारों द्वारा प्रभावित होती है। तथापि, यदि हम सौन्दर्यशास्त्र को अनुभवों के संवेदी अथवा इन्द्रियगत पक्षों के बीच के अनिवार्य संबंधों के रूप में समझ जाते हैं तो आनन्द और साहित्य के मध्य के संबंध के बारे में रोनाल्ड बार्थ्स (1975) का कहना है कि टेक्स्ट (पाठ) के सौन्दर्यशास्त्रीय अनुभव का इसके विचारधारात्मक और ऐतिहासिक सन्दर्भ से कोई संबंध नहीं है| उनके लिए सौन्दर्यशास्त्रीय अनुभव मूल है और अन्य चीजें ((सौन्दर्यशास्त्रीय गुणधर्म, राजनीतिक चेतना, विचारधारा, छद्म चेतना) सौन्दर्यशास्त्रीय अनुभवों हेतु उनकी वरीयता की क्रमबद्ध द्वितीयक हैं। अंत में यह कहना समीचीन है कि सौन्दर्यशास्त्रीय अनुभवों को बिना किसी पूर्वधारणाओं, पूर्वाग्रहों, अथवा आधार, अथवा अधिरचना की सीमाबन्धनों के महसूस करना चाहिए| और वास्तविकता में, सौन्दर्यशास्त्रीय अनुभवों का अधिकांश भाग विशेष रूप से, उनके विषयवस्तु के अर्थ में, सामान्य अथवा साधारण ऐन्द्रिक तत्वों पर केन्द्रित नहीं होता है| सौन्दर्यशास्त्रीय अनुभवों में अनुभव सर्वप्रथम है और यही तरीका है जिसे हम ठाकुर एवं पांडेय के रचनात्मक कार्य में देख सकते हैं।

इससे अधिक, इसमें प्रयुक्त की गई विधि को भी देखना सम्भव होगा जिसमें इन लेखकों का रचनात्मक लेखन साहित्य के एक विशेष दायरे में आता है जो प्रोपगैंडा व्यवहारों से ओतप्रोत होता है| कला के प्रारूप के संबंध में, विशेष रूप से, प्रोपगैंडा के लिए साहित्य की उपयोगिता

की सार्थकता को इस अध्ययन में दिखाया गया है बजाय इसके कि सिर्फ रचनात्मक लेखन को। क्योंकि, पांडेय और ठाकुर का रचनात्मक लेखन प्रायः क्रांतिकारी, प्रतिरोधी और मानसिकता में परिवर्तन और उसके द्वारा समाजों में परिवर्तन लाने की क्षमता से युक्त समझा जाता है| मैंने यह दिखाया है कि ये क्रांतिकारी लेखन वर्चस्वशाली मूल्यों को चुनौती देने अथवा परिवर्तन की प्रक्रिया को दर्शाने के बजाय मुद्दों को प्रोपगैंडावादी बनाने में खत्म होते हैं। इससे अधिक, ये लेखन न केवल प्रोपगैंडावादी साहित्य के दायरे में आते है बल्कि बुनियादी रूप से प्रसिद्धि प्राप्त करते हैं क्योंकि उनमें सौन्दर्यशास्त्रीय आकर्षण होता है।

उपर्युक्त तर्कों के अलोक में इस तथ्य को निम्नलिखित अध्याय में साहित्य के विभिन्न मार्क्सवादी सिद्धांतों में खोजा जाएगा| जिसमें साहित्य वर्चस्वशाली वर्गों के विचारों को प्रतिबिम्बित करता है और इन वर्चस्वशाली विचारों का नेतृत्व आर्थिक विकास, उत्पादन के तरीके में बदलाव एवं विनिमय द्वारा, श्रेष्ठ वर्गों के रूप में समाज के विभाजित वर्गीकरणों द्वारा और इन वर्गों के आपसी संघर्ष द्वारा किया जाता है| और उन तत्वों द्वारा जिनका फलक अत्यंत व्यापक है और अन्य प्रक्रियाओं एवं अधिरचनाओं: (सौंदर्यशास्त्रीय; एवं प्रोपगैंडिस्ट) की उपस्थिति के स्वीकार्य को साहित्य और समाज के सम्बन्धों में व्याख्यायित किया गया है|

मार्क्सवादी सिद्धांत में 'साहित्य' की समझ

यह अध्ययन उन मार्क्सवादी सिद्धांतों की समीक्षा से शुरू होता है जिन पर मैंने साहित्य और समाज के बीच सम्बंध को संबोधित किया है। जैसा कि पहले बताया जा चुका है, इनमें से कुछ अवधारणाओं ने साहित्य और सामाजिक जीवन के बीच जटिल पारस्परिक संबंध की आलोचना की है, विभिन्न किस्म के पाठ की पीढ़ी को समझने के मूल्यों की आलोचना की है तथा राजनीतिक दृष्टि से भी आलोचना की है। अन्य लोगों ने दिखाया है कि साहित्य यद्यपि समाज से सदा ही राजनीतिक रूप से जुड़ा हुआ है, किंतु साथ ही समाज और राजनीतिक दमन का वर्णन करता है और वह सौंदर्यपरक उद्यम का स्त्रोत भी बन सकता है। इसके अनुसार इस अध्याय में हम उन विद्वानों की कृतियों की समीक्षा करते हैं जिन्होंने साहित्य को राजनीतिक उद्यम के रूप में देखा है और जो समाज या उन लेखकों के प्रभावशाली मूल्यों और विचारों को प्रतिबिंबित करते हैं, जिन्होंने साहित्य की राजनीतिक प्रवृत्तियों और उसके प्रतिरोध क्षमता को स्वीकार किया है, किंतु वे इसे सौंदर्यपरक प्रयास भी मानते हैं।

जिन लोगों ने उपर्युक्त प्रश्नों का समाधान किया है उनमें से इस अध्ययन में मार्क्स और एन्गेल्स (1970 से 1979), टेरी ईगलटन 1976 के लेखन का विवरण दिया गया है, जार्ज लुकाच (1977), लुईसियन गोल्डमॉन (2000) प्रकाशन, पियरे बोर्दियो (1993 और 1996), पियरे बोर्दियो (2000)प्रकाशन (1972), ओम प्रकाश वाल्मीकि (2003) इस बहस के जरिए हम देखते हैं कि इन दो भोजपुरी कलाकारों (भिखारी ठाकुर, गोरख पांडे) की प्राथमिकताओं में एक मार्क्सवादी परिदृश्य है।

मार्क्सवादी आलोचना का एक कारण मार्क्सवाद के संस्थापकों द्वारा निर्धारित मार्क्सवादी आलोचना से ज्यादा है।

ईगलटन का कहना है कि मार्क्सवादी आलोचना केवल समाजशास्त्री नहीं है, चाहे वे मजदूर वर्ग का उल्लेख करते हों। इसका उद्देश्य साहित्यिक कृति की व्याख्या करना है। जिसका अर्थ है उसके रूपों, स्टाइल और अर्थों पर संवेदनशील ध्यान देना (ईगलटन, 1976, पृ 3) मार्क्सवादी विचारधारा के दायरे में आधुनिक दुनिया की अन्य प्रवृतियों और विकासों के समान साहित्य को न केवल सांस्कृतिक या वैचारिक के रूप में बल्कि तीव्र सामाजिक और राजनैतिक उद्यम के रूप में भी समझा जा सकता है। मार्क्सवादी साहित्य सिद्धांत ने इस प्रकार साहित्य में राजनीतिक तथ्य पर बल दिया।

मार्क्स के ऐतिहासिक विवरण के भीतर यह विचार व्यक्त किया जाता है कि प्रदत्त व्यक्ति की सामाजिक सत्ता बड़ी राजनीतिक और आर्थिक शक्तियों द्वारा निर्धारित होती है। मार्क्स लिखते हैं कि यह उन लोगों की चेतना नहीं है जो उनके अस्तित्व को निर्धारित करती है। लेकिन इसके विपरीत उनकी सामाजिक स्थिति का संरूपण ही चेतना का निर्धारण करती है।

मार्क्स अपनी मान्यताओं के आधार और अधिरचना को भी आगे बढ़ाते है। आधार वह आर्थिक पद्धति है, जिसके आधार पर अधिरचना टिकी हुई है, सांस्कृतिक गतिविधियां जैसे दर्शन या साहित्य अधिरचना में निहित हैं। राजनीतिक अर्थव्यवस्था (मार्क्स और एंगेल्स, 1859) की आलोचना के लिए भूमिका में आधार 'और' अधोसंरचना 'का स्पष्ट निहितार्थ क्या पाया जाता है: उनके जीवन के सामाजिक उत्पादन में, ज्यादातर गैर-मार्क्सवादी आलोचनाओं ने व्याख्या जैसे शब्द को अस्वीकार कर दिया था। लग रहा है कि यह रहस्य 'का उल्लंघन करता है।

मार्क्सवादी साहित्य के सिद्धांतों के विभिन्न लेखक स्पष्ट और मौलिक रूप से अलग हैं। प्रायः इन भेदों का आधार यही है कि वे किसी पाठ, शैली, अथवा उस अभीष्ट साहित्य में प्रदर्शित किसी प्रकार की मिथ्या चेतना को प्रतिबिम्बित करते हैं।

इसलिए साहित्य की चिन्तनशील प्रकृति के बारे में बात करते हुए मार्क्स और एन्गेल्स ने पूंजीवाद से उत्पन्न सामाजिक स्थितियों के प्रति विशेष रूप से प्रतिक्रिया दी है और उनके सिद्धांतों का विश्लेषण विशेष रूप से किया गया है कि, समाज किस तरह उथल-पुथल और निरंतर परिवर्तन की अवस्था में कार्य करता है। मार्क्स और एंगेल्स की कला और साहित्य पर टिप्पणियां बिखरी और खंडित हैं। अन्य कलात्मक रूपों का अपनी कृति में कम ही उल्लेख मिलता है, लेकिन उनके साहित्य विश्लेषण (नाटक के पाठ सहित) ने सामान्य रूप से सौंदर्यशास्त्र और संस्कृति पर अपने विचारों को प्रमुखता दी है और वर्चस्व प्रदान किया है।

मार्क्स के साहित्य के सिद्धांत का आधार ऐतिहासिक भौतिकवाद है । इस दृष्टिकोण में समाज को आर्थिक विकास से निर्देशित करने, उत्पादन और विनिमय के तरीकों में परिवर्तन करने तथा इसके परिणामस्वरूप समाज को अलग-अलग और विरोधी वर्गों में विभाजित करने तथा इन वर्गों के विरूद्ध संघर्ष द्वारा मार्ग निर्देशित करने की व्याख्या की गई है। मार्क्स ने इतिहास का एक नमूना प्रस्तावित किया जिसमें आर्थिक और राजनीतिक परिस्थितियां सामाजिक परिस्थितियों का निर्धारण करती हैं | ईगलटन के अनुसार मार्क्सवादी आलोचना ने साहित्य का विश्लेषण ऐतिहासिक स्थितियों में किया है। ईगलटन के लिए मार्क्सवादी आलोचना सैद्धांतिक विश्लेषण के

एक बड़े समूह का हिस्सा है।ऐसे निश्चित संबंधों में लोग प्रवेश करते हैं जो अपनी इच्छा से अपरिहार्य और स्वतंत्र होते हैं, उत्पादन के संबंध, जो उनकी भौतिक उत्पादक शक्तियों के विकास की निश्चित अवस्था के अनुरूप होते हैं।उत्पादन के इन संबंधों का कुल योग समाज का आर्थिक ढांचा है, वह वास्तविक आधार है, जिस पर कानूनी और राजनीतिक अधिरचना खड़ी की जाती है और जिस पर सामाजिक चेतना के सुनिश्चित रूपों का समन्वय होता है।भौतिक जीवन स्थितियों के उत्पादन की विधि सामान्य रूप में सामाजिक, राजनीतिक और बौद्धिक जीवन प्रक्रिया हैं।यह मनुष्यों की चेतना नहीं है जो उनके अस्तित्व को निर्धारित करती है। लेकिन इसके विपरीत, उनका सामाजिक जीवन है जो उनकी चेतना को निर्धारित करता है।

तब कला समाज की अधिरचना का अंग बन जाती है और तब साहित्य को समझने का अर्थ है उस संपूर्ण सामाजिक प्रक्रिया को समझना जिसके वह भाग हैं।जैसा कि रूसी मार्क्सवादी आलोचक'एक युग की सामाजिक मानसिकता उस युग के सामाजिक संबंधों (हेनरी अर्वन के मार्क्सवादी सौंदर्यशास्त्र, कॉर्नेल, 1970) से प्रभावित है। मार्क्स का मानना है कि चूंकि आधार अधिरचना निर्धारित करता है, इसलिए वह निश्चित रूप से आधार की विचारधारा का समर्थन करता है।विचारधारा बदलते विचार, मूल्य और भावनाएं हैं, जिनके माध्यम से व्यक्ति अपने समाजों का

अनुभव करते हैं।वे समाज की मान्यताओं के रूप में प्रबल विचार और मूल्य प्रस्तुत करते हैं और इस प्रकार लोगों को यह देखने से रोकते हैं कि समाज वास्तव में किस प्रकार कार्य कर रहा है।

कला और यथार्थ के बीच के रिश्ते की समस्याओं को भी संबोधित किया गया। उत्पादन संबंध-निर्णायक भूमिका निभाता है।

इस प्रकार मार्क्सवादियों द्वारा जिस कला की परिभाषा दी गयी है, वह सामाजिक चेतना का एक रूप हैं। इसलिए इसका यह अर्थ है कि इसके परिवर्तनों के कारणों की खोज महिलाओं और पुरूषों के सामाजिक जीवन में होनी चाहिए। मार्क्सवादी सौंदर्य बोध की उत्पत्ति की सामाजिक व्याख्या करते हैं। उनका तर्क है कि मनुष्य की कलात्मक क्षमताओं के सौंदर्यबोध समझने की उनकी क्षमता, अपनी सुंदरता को समझने और कला के निर्माण के लिए मानव समाज के दीर्घ विकास के परिणाम स्वरूप, मानव श्रम की उपज है। 1844, मार्क्स की उनकी 'आर्थिक और दार्शनिक पांडुलिपियों' में सुंदर को देखने और पुनरुत्पादन करने तथा वस्तुओं के निर्माण में श्रम की भूमिका की ओर ध्यान दिया गया। यह विचार बाद में एंगेल्स ने अपनी कृति में द्वंदात्मक शैली में विकसित किया। लुकाच और एल्थूज़र जैसे सिद्धांतकरो ने इस पर विस्तार से लेखन के पश्चात् मार्क्स की मूल अवधारणाओं को संशोधित किया।

लुकाच ने तर्क दिया था कि केवल यथार्थवादी कथा-शैली ही कलात्मक और राजनीतिक दृष्टि से मान्य है।

आलोचनात्मक यथार्थवाद की दृष्टि से वर्तमान को समझने के लिए लेखक को बहुत मदद मिलती है, परन्तु लेखक को अंदर से भविष्य की कल्पना करने का सामर्थ्य नहीं होगा। उनके लिए आलोचनात्मक सामाजिक यथार्थवाद सहायक होता है, क्योंकि आज के किसी भी लेखक के लिए इतिहास में प्रवेश का स्थान नहीं है। सामाजिक यथार्थवाद एक ऐसी मार्गदर्शी शक्ति बन जाती है जो लेखक को उसकी वास्तविकता की व्याख्या करने की दिशा प्रदान करती है। दूसरी ओर समाजवादी यथार्थवाद के लेखक स्वाभाविक अन्तर्सूत्र हैं और इसलिए उनके लिए प्रवेश की कोई जरूरत नहीं है, क्योंकि वे एक भिन्न भविष्य के निर्माण में सहभागी हैं।

लुकाच के निबंध में इस बात का संकेत मिलता है कि 19 वीं शताब्दी के उत्तरार्ध में आलोचनात्मक यथार्थवाद की परंपरा प्रतिक्रियावादी ताकतों के पीछे थी। इस परिस्थिति ने समाजवादी यथार्थवाद के उद्भव को जन्म दिया, जिसने समाज में वास्तविक और वास्तविक समानता के लिए पूर्व शर्त के रूप में वर्गहीनता पर बल दिया।

समाजशास्त्र की समस्या हमेशा साहित्य के समाजशास्त्र में व्यस्त रही है। उपन्यास को जीवनी और सामाजिक इतिवृत्त भी कहा जा सकता है और इस प्रकार यहां यह

कहा जा सकता है कि सामाजिक इतिवृत्त उस काल के समाज को अधिकाधिक या कम हद तक प्रतिबिम्बित करता है।

सांस्कृतिक वस्तुओं की संपूर्ण व्याख्या जिसमें लेखक के इरादों और कार्य के स्वागत तथा अतिरिक्त सांस्कृतिक परिस्थितियों का समावेश होता है।

एंटोनियो ग्राम्शी (इतालियन सिद्धांतवादी) आधार/अधोसंरचना के माडल के और अधिक लचीले पठन की ओर इंगित करते हैं। ग्राम्शी का विश्वास है कि केवल विचारधारा ही यह स्पष्ट नहीं कर सकती कि, लोग किस हद तक प्रभावशाली मूल्यों को स्वीकार करने को तैयार हैं। इसके आलोक में अनेक मार्क्सवादी आलोचकों की आधारभूत/अधोसंरचना मॉडल सांस्कृतिक उत्पादन का हिसाब देने के लिए अत्यधिक कठोर सिद्ध होती है। एक तरह से, ग्राम्शी की 'आधिपत्य की धारणा' विचारधारा के पीछे अवधारणाओं की निरंतरता है। आधिपत्य एक प्रकार का छल है जिसमें व्यक्ति अपनी इच्छाओं को भूल जाता है तथा प्रमुख मूल्यों को अपना समझता है।उदाहरण के लिए, किसी को लगता है कि कॉलेज जाना हर जीवन में सही और आवश्यक कदम है, जब कि वास्तविकता में उनका विश्वास सामाजिक रूप से निर्मित होता है। यह भी यथार्थ की सामाजिक संरचना के अनेक दृष्टिकोणों में से एक है। इस प्रकार उपर्युक्त तर्क के आधार पर भिन्न-भिन्न

अर्थ निकालने में भिन्न-भिन्न लोग किस तरह अपने-आपको संलग्न करते हैं, उसका साधारणीकरण करना कठिन हो जाता है। तब साहित्य को ऐसा माना जा सकता है कि वे दोनों प्रमुख मूल्यों को मजबूती प्रदान करते हैं और कभी-कभी उन पर सवाल भी उठाते हैं। उदाहरण के लिए उन्नीसवीं सदी की महिलाओं ने भावुक कथा कहने की प्रथा का प्रयोग केवल प्रभावशाली मूल्यों को सुदृढ़ करने के लिए किया।

अक्सर सामाजिक समस्याओं पर सामाजिक ध्यान लाने का लक्ष्य इस प्रकार के साहित्य की इन कृतियों से उदार आर्थिक सिद्धांतों तथा बाजार-उत्पादनों द्वारा सृजित समाज के रोजमर्रा के जीवन और साहित्यिक स्तर के बीच संबंध स्पष्टतः प्रकट होता है। इसके अनुसार अब साहित्य की ऐसी समीक्षा की ओर ही जाना संभव हो गया है जो इस संभावना को व्यक्त करता है कि कला के माध्यम से प्रमुख विचारों के परिसर एवं प्रभाव से बचा जा सकता है। (झूठी चेतना से टूटने के रूप में साहित्य: लुईसियन गोल्डमॉन)

गोल्डमॉन ने अपने काम में 'उपन्यास के समाजशास्त्र को विकसित किया। गोल्डमॉन की परिकल्पना शास्त्रीय उपन्यास की संरचना और उदार अर्थव्यवस्था में विनिमय की संरचना के बीच समरूपता से संबंधित है। चूंकि उदार अर्थव्यवस्था का आदान-प्रदान स्वतंत्र बाजार, पूंजीवादी

आर्थिक प्रणाली के सिद्धांतों पर आधारित है, इसलिए साहित्य के किसी भी कार्य में समान आर्थिक प्रणाली के मूल्यों को प्रतिबिंबित करने की संभावना व्यक्त करता है। दूसरी ओर उपन्यास में हेजीमोनिक (अधिपत्य) मूल्यों का प्रतिनिधित्व न करने की भी संभावना है। ऐसे में यह कहा जा सकता है कि साहित्यिक कृति की संरचना, लेखक या उपभोक्ता के किसी अन्य रूप में नहीं, बल्कि बाह्य संसार से जोड़ने के लिए सामाजिक घटनाओं के काल्पनिक विवरणों को आगे बढ़ाने के लिए एक साधन के रूप में प्रस्तुत करते हैं। गोल्डमॉन के परिप्रेक्ष्य में एक काम के भीतर संरचनाओं को स्पष्ट करने का प्रयास है, जो इन संरचनाओं और सामूहिक मानसिक संरचनाओं या श्रेणियों के बीच समझाया जा सकता है, जो एक विशिष्ट समय के दौरान सामाजिक समूहों की चेतना को आकार देते हैं, साथ ही वे आकार देने के साथ यह बताते हैं कि, कलाकार की कला को विचारधारा में नहीं घटाया जा सकता, बल्कि, कला का विचारधारा के साथ कुछ खास संबंध है। विचारधारा काल्पनिक तरीकों का प्रतीक है जिसमें स्त्री/पुरुष वास्तविक दुनिया का अनुभव करते हैं। साहित्य भी हमें इस प्रकार का अनुभव देता है। तथापि, कला केवल निष्क्रिय रूप से अनुभव को दर्शाती है अतः जब कला को विचारधारा में रखा जाता है तो वह खुद को उससे दूर रख सकती है। यह दूरस्थीकरण उस बिंदु पर किया जाता है जहां कला हमें अनुमति देती है।विज्ञान और कला के बीच अंतर यह है कि विज्ञान

हमें एक स्थिति का वैचारिक ज्ञान देता है; कला हमें उस स्थिति का अनुभव देती है, जो विचारधारा के बराबर हो सकता है। कला के इस उपयोग से हम विचारधारा के स्वरूप को देख सकते हैं और इस प्रक्रिया में वैज्ञानिक ज्ञान से युक्त विचारधारा को समझने की दिशा में कदम उठा सकते हैं (एल्थूजर, एल, 1977)।

मैशरी ने अपने साहित्यिक कृतित्व के सिद्धान्त (1966) में उन्हें भ्रम (अर्थ भ्रांति) और कल्पना (फिक्शन) के बीच अंतर बताया है। भ्रम वह सामग्री है जिस पर लेखक काम करने जा रहा है। उस पर काम करते समय, लेखिका/लेखक इसे एक निश्चित आकार और संरचना देती/देता है जिससे इसे कुछ अलग में बदल दिया जाता है। जब विचारधारा को किसी काल्पनिक सीमा के अंतर्गत रखकर कला उससे दूर होने में सक्षम हो जाती है तब वह हमें उस विचारधारा की सीमाएं बता देती है। मैशरी के अनुसार कला हमारे विचारधारात्मक चित्रण से मुक्ति में योगदान देती है।

इस बहस से पता चलता है कि साहित्य एक बौद्धिक अनुभव के रूप में एक प्रामाणिक मूल्य है। यहाँ वे साहित्यिक दर्शन के बारे में बताते हैं।

इससे हम यह कह सकते हैं कि साहित्य के दर्शन को चित्रित करने का प्रयास ऐतिहासिक युग के एक कृत्रिम संदर्भ में किया गया है जिसमें दो स्वायत्त

प्रतिमान 'आधुनिक पैराडाइम' के रूप में हैं (1995:5)। इस प्रकार साहित्य और दर्शन के प्रकृतित्व में वृत्तचित्र (1995:6) होने के कारण, मैशरी पाठक से आग्रह करते है कि वे विचारों, अन्तर्दृष्टि, दूरदर्शिता, पूर्वाभास, बोध और ज्ञानार्जन की उपेक्षा न करें। इस प्रकार के ग्रंथों में न केवल समाज का वर्णन होता है और न घटनाओं का वर्णन होता है।निकट से देखने पर, गहरी डुबकी दिखाएगी कि, साहित्य वास्तव में एक वैचारिक संचार '(मैशरी, 1995) को एक समर्थन प्रदान करता है। पियरे बोर्दियो (सांस्कृतिक उत्पादन के क्षेत्र में: कला और साहित्य पर निबन्ध, बोर्दियो, पी। 1993। पोलिटिकल प्रेस, कैंब्रिज) विश्लेषणात्मक विधि विश्लेषण के कई अन्य प्रतिष्ठित तरीकों के लिए उपयोगी विकल्प का प्रतिनिधित्व करती है। जिसमें नियम निष्ठता से लेकर संरचनावाद और विखण्डन शामिल है। बोर्दियो का तर्क, सामाजिक संस्थाओं तथा सामग्री और प्रतीकात्मक उत्पादन के विभिन्न रूपों के बीच सम्बन्धों की व्याख्या करता है।

बोर्दियो शक्ति के क्षेत्र में साहित्यिक क्षेत्र को रेखांकित करते हैं। इसी प्रकार साहित्य के भौगोलिक क्षेत्र को उसकी प्रमुख और आंतरिक सामाजिक संरचना यानी जाति व्यवस्था, पितृसत्ता और सामंतवाद के बारे में ध्यान रखते हुए उस साहित्य का विश्लेषण किया जा सकता है। जो इस संदर्भ में शक्ति क्षेत्र का गठन करते हैं। इस अध्याय के अंतिम भाग में और अगले अध्याय में इसकी

ब्यौरेवार विवेचना होगी । किसी विशिष्ट वर्ग की संरचना तथा सामाजिक संरचना के बीच अथवा किसी विशिष्ट वर्ग के सामाजिक हितों की वर्द्धक धारणाओं के बीच भी विद्वान प्रतिवर्तन सिद्धांतों को लेकर प्रश्न उठाते हैं। लुकाच और गोल्डमान की तरह लेखक अचेतन प्रवक्ता हो गया है, क्योंकि एक वर्ग कवि के रूमानी मिथक को पलट देना चाहता है। शक्ति को एक प्रकार के माध्यम में कम करने, इस दृष्टिकोण में बिना प्रश्न किए समूह और अभिव्यक्ति के साधन के बीच पूर्ण संबंध हो जाता है कि, किस प्रकार कोई उस समूह को परिभाषित करता है जिसकी विश्व दृष्टि कार्य संरचना (बोर्दियो, 1993, पृ। 13) के माध्यम से व्यक्त की जाती है।

मैशरी के अनुसार साहित्यिक कृतियों को लेखक की अभिव्यक्ति के रूप में नहीं, बल्कि उस सामाजिक वर्ग की अभिव्यक्ति के रूप में देखकर, जिसमें वह सदस्य है, लेखक को अपने वर्ग की संरचना के अनुकूल समन्वय प्रदान करने वाले केवल एक व्यक्ति के रूप में देखकर तथा कार्यों को सामूहिक सामाजिक समूहों के सामूहिक उत्पादों के रूप में प्रस्तुत करके, उत्पादन की वस्तुगत स्थितियों की अनदेखी कर देते हैं। प्रतीकात्मक वस्तुओं के वितरण और खपत को वे व्यक्तियों और वर्ग की तरह विभिन्न शक्तियों या विभिन्न प्रकार के पूंजी धारकों के बीच संघर्ष का स्थल समझते हैं। ठाकुर और पांडे के साहित्य में मैंने टकराव, राज्य, भू-स्वामियों, सामन्तों

और वंचित जन-समुदायों, जन-सामान्य जो जमीन, काम और आजीविका के अन्य अवसरों से वंचित हैं और उन्हें ऊंची जातियों द्वारा शोषण किया जा रहा है, उस पर अपना ध्यान केन्द्रित किया है। मैंने उनकी अनुभूतियों को एक सैद्धांतिक रूप देने का प्रयत्न किया है।

भाषाओं के संदर्भ में भी हिन्दी और भोजपुरी के बीच भी ऐसा ही विरोधाभास है। जिसे बोर्दियो के अनुसार सामाजिक , आर्थिक मूल्य कहा जाता है। वह निश्चित रूप से हिंदी भाषा के लिए अधिक था। सन् 1900 के परिदृश्य से यह बात सामने आई जब उत्तर पश्चिमी प्रांतों और अवध के लेफ्टिनेंट गवर्नर सर एंथनी मैक्डोनेल ने न्यायालयों में प्रयुक्त करने के लिए देवनागरी का प्रयोग करने की अनुमति दी। इस कदम को औपनिवेशिक हस्तक्षेपों के लंबे इतिहास से चुना गया, जिसने हिंदू हिंदुस्तानी के बीच भेद करने की कोशिश की, जिस तरीके से भौगोलिक धुरी पर क्षेत्रीय बोलियों को केवल साहित्यिक क्षेत्र (सिंह 1991) के व्यापक संदर्भ में मामूली सा कर दिया गया। हिंदी को जहां सरकारी भाषा का दर्जा प्राप्त हुआ, भोजपुरी को कोई मान्यता नहीं मिली। राज्य द्वारा इस प्रकार की छूट के बावजूद भोजपुरी ने साहित्य-रचना के लिए सर्वभाषा के रूप में विकसित होने में सफलता प्राप्त की। जैसा कि मैंने बाद के अध्याय में चर्चा की है, भिखारी ठाकुर की कृतियों में एक (सबसे सफल भोजपुरी नाटककार और क्षेत्र के अभिनेता का जिक्र है)

भोजपुरी या किसी भी भाषा या बोली की राजनीति को समझने के लिए उसके इतिहास को देखने की जरूरत है। आलोक राय को उद्धृत करते हुए, जैसे, "ऐतिहासिक रूप से हिन्दी को उर्दू के साथ; बोलियों और प्रांतीय भाषाओ को हिंदी के साथ और हिंदी को अंग्रेजी के साथ (राय, 2005 पृष्ठ 5)। यहां पर यह उल्लेख किया जा सकता है कि हिन्दी की लोकप्रियता सरकारी प्रयासों के परिणाम से ज़्यादा बालीवुड जैसी संस्थाओं में प्रतिष्ठित लोगों के प्रेम का परिणाम है। मैं राय के तर्क से यह बताना चाहता हूं कि हिंदी के राजभाषा के रूप में स्थापित होने में विशेषकर भोजपुरी जैसी बोली का सहयोग एवं प्रभुत्व रहा है इसके बावजूद भोजपुरी भारत की संविधान की 14 अनुसूची में शामिल नहीं है।

भाषा-इतिहास में यदि कोई जाता है तो यह मिलता है की भोजपुरी बोली हिंदी की अपेक्षा पुरानी है। भोजपुरी भाषा में काफी मात्रा में लेखन भी उपलब्ध है। इन साहित्यिक कार्यों को मेरी प्रस्थापना के संदर्भ में मैं मैशरी के दृष्टिकोण से स्पष्ट रूप से कह सकता हूँ कि वास्तव में साहित्य का सामाजिक आंदोलन पर असर है। वस्तुतः साहित्य अपने आप में मौन क्रांति है। उदाहरण के लिए आप ओम प्रकाश वाल्मीकि के अछूत जीवन का उल्लेख कर सकते हैं जहाँ लेखक एक दलित की वास्तविकता की पहचान कर उसे प्रस्तुत करते हैं।

बोर्दियो ने, इस क्षेत्र के सिद्धांत को एक सामाजिक ब्रह्मांड के रूप में विकसित किया है (बोर्दियो, 1993)।

अंत में, बोर्दियो ने उत्कृष्ट विश्लेषण की असफलता की आलोचना करते हुए कहा है कि कला-कृतियों में एक विशिष्ट भाषा है। इसका अर्थ यह नहीं है कि वे औपचारिक मान्यता को स्वीकार करते हैं कि केवल साहित्यिक भाषा ही साहित्य या साहित्यिक व्यवहारों की पर्याप्त व्याख्या कर सकती है। इस कथन को संक्षेप में प्रस्तुत करने के लिए, बोर्दियो के, पद्धति के तीन स्तरों के सामाजिक यथार्थ को समाहित करने का प्रयास है। (1) साहित्यिक या कलात्मक प्रस्तुत करने की स्थिति, जिसे वह सत्ता का क्षेत्र कहते हैं (यानी समाज में प्रभावी शक्ति संबंध का समूह, या दूसरे शब्दों में, सत्ताधारी वर्ग): (2) साहित्यिक क्षेत्र की संरचना (यानी अभिकर्ताओं द्वारा अधिकृत वस्तुनिष्ठ स्थितियों की संरचना तथा स्वयं अभिकर्ताओं की वस्तुगत विशेषताओं) से और (3) साहित्यिक उत्पादन की प्रक्रिया।

ओम प्रकाश वाल्मीकि इस सन्दर्भ में समाज के निचले पायदान से जुड़े अछूत जाति के जीवन का वर्णन करते हैं। सदा की शारीरिक और मानसिक पूर्वाग्रह और असहिष्णुता के इस विनाशकारी जीवन को बचाने के लिए उनका प्रशंसनीय संघर्ष है। वह अपने पड़ोस के पहले उच्च विद्यालय के स्नातक बनने में अनेक बाधाओं का

सामना कर चुके थे, उन्होंने महान दलित राजनीतिक नेता बी0 आर0 अंबेडकर के प्रभाव में चेतना के जीवन में प्रवेश किया और दमन तथा शोषण के एक सुविचारित विषय के रूप में उसके परिवर्तन को एक व्यक्ति और एक अधीनस्थ समुदाय के रूप में सहन किया।

दलित समाज भारत की आबादी का लगभग छठा हिस्सा है। देशभर में बहुत सी भाषाएं बोली जाती हैं। और कई धर्मो के लोग एक प्रमुख राजनैतिक शक्ति के रूप में उभरे हैं। दलित समाज के एक लंबे, मूक और लंबे कष्ट से पीड़ित होने के दस्तावेज के रूप में उन्होंने दलित इतिहास के अभिलेखागार में योगदान ही नहीं दिया बल्कि समाज और मानव चेतना के क्रांतिकारी परिवर्तन का घोषणा पत्र (मुखर्जी, 2003) भी दिया। वाल्मीकि के अपने साहित्य में निहित राजनीतिक चेतना की क्षमता की आवश्यकता उन्हें समाजशास्त्रीय अन्वेषण से प्राप्त होती है। लेकिन दलितों की तकलीफों और कष्टों को प्रकाश में रखकर उन्होंने जो महत्वपूर्ण योगदान दिया उससे उन्हें वंचित नहीं किया जा सकता। मैं सोचता हूं कि वाल्मीकि, विचारधारा के क्षेत्र में इस विशेष प्रसंग के अनुसार विचारों का सम्मिश्रण हैं।

उपसंहार

मुझे लगता है की समकालीन स्थिति में संदर्भित साहित्य के अध्ययन ने मार्क्सवादी साहित्यिक आलोचना के साथ इक नवीन चिंतन के साथ एक समस्या एवं विकास का अवलोकन किया जो जन की अनुभूति पर प्रकाश डालती हो, जिसका ध्यान आर्थिक समस्या और राजनैतिक परिदृष्टि से विमुख जनता की संवेदना और उनके आशा की दुनिया का उल्लेख कर सके।

सामाजिक वर्ग परिमाण की धर्मिता और समेकन की चुनौती का सामना कर रहा था।यह एक बहुत व्यापक परिप्रेक्ष्य था। मुख्य बात तो यह थी कि साहित्य में इसकी परिभाषा जातिपरक पदों से की जाती थी। काव्य, नाटक, उपन्यास आदि-की दृष्टि से वह भिन्न भिन्न लेखों के रूप में की जाती थी।अब उन सांस्कृतिक प्रक्रियाओं के अध्ययन की आवश्यकता है, जिनमें एक विशेष प्रकार का सृजनात्मक दृष्टिकोण आकार लेता है।

इस प्रकार हम देखते हैं कि तत्कालीन मार्क्सवादी सिद्धांतों में साहित्य को हेजीमोनिक अथवा अधिपत्य मूल्यों और विचारों पर पूरी तरह निर्भर नहीं माना जाता। ऐसे क्षण आते हैं जब साहित्य का ऐसा निरूपण देखा जा सकता है जो मात्र विचारधाराओं या झूठी चेतना को कमजोर नहीं कर सकता। हम देखते हैं कि सामाजिक विचारकों ने साहित्य को सदा ही राजनीतिक रूप से जुड़ा हुआ दिखाया है और इस हद तक कि सामाजिक तथा राजनैतिक आयामों को ही सौंदर्यबोध का स्त्रोत माना जाता है (ईगलटन 1976) । एल्थूजर एवं मैशरी के अनुसार विचार और साहित्य दोनों के बीच जो संबंध प्रस्तावित हैं, वह बहुत ही संकेतकारी है (पृ0 19)। एल्थूजर और मैशरी, दोनों के लिए विचारधारा किसी भी समाज में एक निश्चित संरचनात्मक रचना है। यह केवल मुक्त तैरते चित्रों का समूह नहीं है। इस प्रकार यह प्रासंगिक संगति के कारण हैं। केवल आर्थिक आधार 'इतिहास की भौतिकवादी संकल्पना, इतिहास का निर्धारक तत्व वास्तविक जीवन में इनका निर्माण तथा पुनरुत्पादन' होता है।इससे अधिक न तो मार्क्स और न ही मैंने कभी कहा है। इसलिए यदि कोई इस कथन पर जोर देता है कि आर्थिक तत्व ही एकमात्र निर्णायक तत्व है तो वह इसे अर्थहीन, अर्थहीन और अर्थहीन वाक्य बना देता है।आर्थिक स्थिति का आधार है, लेकिन अधिसंरचना के विभिन्न तत्व-वर्ग संघर्ष के राजनैतिक रूप से सफल युद्ध, सफल युद्ध के बाद विजयी वर्ग द्वारा

स्थापित संविधानों, और फिर इन सभी वास्तविक संघर्षों की प्रतिक्षेप-राजनैतिक, कानूनी और दार्शनिक सिद्धांत, धार्मिक विचार और उनके सिद्धान्तों में, आगे के विकास के साथ-साथ ऐतिहासिक संघर्षों का प्रभाव पड़ता है जो कि कई स्थितियों में उनके अपने स्वरूप का निर्धारण है (ईगलटन, 1967, पृ. 9)।

यदि हम साहित्य और मिथ्या चेतना के बीच संबंधों को अनावृत करने का प्रयास करते हैं, तब प्रायः हमें पता चलता है कि दो प्रकार की स्थितियां संभव हैं। इनमें से पहली बात यह है कि साहित्य में कुछ प्रकार की झूठी चेतना की झलक मिलती है जो उनके प्रबल या प्रभावी विचारधारा की होती है। दूसरी ओर हमें एक दूसरे प्रकार का साहित्य भी मिलता है, जो प्रधान विचारधारा के विरुद्व झूठी चेतना की कतिपय अभिव्यक्तियों को प्रदर्शित करता है।

मैंने अपने अध्ययन हेतु चुने भिखारी ठाकुर एवं गोरख पांडे के भोजपुरी साहित्य में प्रतिबिम्बित मुख्य सामाजिक विषयक क्या है, यह बताने का प्रयत्न किया हैं जो इस प्रकार है ।

(क) ऐसे साहित्य में मुख्य रूप से कौन कौन से सामाजिक विषयों पर प्रकाश डाला गया है।

(ख) ऐसे साहित्य में किस प्रकार के विश्लेषण और कार्यवाही की वकालत की जाती है ।

(ग) यह साहित्य किस हद तक एक सामाजिक उत्पाद है।

(घ) इन कार्यों को किस तरीके से यथा स्थिति के प्रचार का दायित्व दिया जाता है, या वह उसे कमजोर करने का प्रयास करता है?

अध्याय 2

भिखारी ठाकुर का रचनात्मक साहित्य : एक विश्लेषण

ए सजनी रे

पियवा गइलन कलकातावा ए सजनी,
तूरि दिहलन पति-पत्नी नातावा ए सजनी,
किरिन भीतरे परातवा ए सजनी,
पियवा गइलन कलकातावा ए सजनी।
गोड़वा में जूता नइखे, सिरवा पर छातावा ए सजनी,
कइसे चलिहन रहतवा ए सजनी,
पियवा गइलन कलकातावा ए सजनी।
सोचत सोचत बीतत बाटे दिन रातवा ए सजनी,
कतहूँ लागत नइखे पातावा ए सजनी,

पियवा गइलन कलकातावा ए सजनी।
लिखत 'भिखारी' खोजिकर बही खातावा ए सजनी,
प्यारी सुन्दरी के बातावा ए सजनी,
पियवा गइलन कलकातावा ए सजनी।
(भिखारी ठाकुर रचनावली, पृष्ठ 27)

भिखारी ठाकुर ने इस गीत में भोजपूरी महिला के क्लेश और कष्ट का भलीभाँति वर्णन किया है। यदि हम भिखारी ठाकुर के सकल कार्य के सार को ढूढना चाहें तो निश्चित रूप से वह हमें इस एक गीत में उद्‌व्लित दिखता है ।भोजपूरी नारी की सामाजिक पीड़ा को उजागर करते हुए, इस में भिखारी ठाकुर एक पति के प्रवास के मुख्य कारण का वर्णन गीत के अन्त में करते हैं। वे कहते है कि बही खाते की खोज की जाय। इस बही खाते में उधार धन एवं उस पर ब्याज के आंकड़े मिल जाते है ।यह गीत भीखारी ठाकुर के सबसे लोकप्रिय एवं सर्व प्रसिद्व नाटक '"बिदेसिया' में गाया जाता है।इसी गीत का प्रयोग सुधीर मिश्रा ने अपनी फिल्म 'हजारों ख्वाइशे ऐसी' मे किया है।यह गीत बालीबुड जगत में भी बहुत प्रसिद्ध हुआ है। काबिले गौर बात यह है कि इस गीत का प्रयोग भिखारी ठाकुर ने अपने मुख्य नाटक 'बिदेसिया' मे अभिनय संवाद के रूप में किया है।

भिखारी ठाकुर (1887-1971) के रचनात्मक साहित्य के बारे में यह कहा जाता है कि उनके लेखन में अत्याचारी

एवं भ्रष्ट व्यवस्था के खिलाफ प्रखर प्रतिरोध की एक विशिष्ट शैली मौजूद है जो अपने दर्शकों के मन में कुछ सवाल उठाती है और उन्हें शर्मिन्दा, चुप, स्तब्ध अथवा नाटक में दर्शाए गए सामाजिक बुराईयों के खिलाफ प्रतिरोध में उठ खड़े होने के लिए स्वतंत्र छोड़ देती है। इस खंड में हमारा विचार है कि ठाकुर के रचनात्मक साहित्य में अभिव्यक्त सामाजिक राजनीतिक यथार्थ केवल इस वजह से प्रसिद्ध नहीं हुए क्योंकि उसमें समाज के उपेक्षित वर्ग (विशेष रूप से स्त्री एवं दलित) के ऊपर किए जाने वाले सामाजिक बुराइयों का वर्णन किया गया है और प्रभुत्व वर्ग के मानदंडों के खिलाफ प्रतिरोध है, बल्कि इसलिए भी प्रसिद्ध है क्योंकि उनका साहित्यालेखन प्रोपगैंडावादी और मनोरंजन के केन्द्र में भी आता है। वे एक राजनीतिक लक्ष्य लेकर तो चलते है लेकिन वे अंततः सांस्कृतिक आनन्द के केन्द्र में आ जाते हैं। ठाकुर ने भोजपुरी क्षेत्र के 'बिदेसिया' लोकगीतों, लोकसाहित्य, लोकोक्तियों और प्रसिद्ध कहावतों के इस्तेमाल के द्वारा इस प्रसिद्धि को सफलतापूर्वक प्राप्त किया। ये न केवल जागरुकता फैलाने के अच्छे माध्यम ही बने बल्कि उन्होंने इस क्षेत्र की सांस्कृतिक विशेषता का भी निर्माण किया।

वास्तव में, भिखारी ठाकुर द्वारा इस्तेमाल की जाने वाली भोजपुरी क्षेत्रीय बोली के माध्यम से भी साहित्य और कला में सौन्दर्यशास्त्रीय तत्वों का विश्लेषण करना संभव है। यह बदलती हुई सामाजिक, राजनीतिक और

आर्थिक परिस्थितियों में विश्लेषित किया जा सकता है। जैसे कि यद्यपि भाषा एवं साहित्य के रूप में भोजपुरी जैसी स्थानीय बोली का महत्व हिन्दी भाषा की तुलना में उपेक्षित रहा है किंतु हिन्दी को साहित्य की भाषा के रूप में स्थापित करने में भोजपुरी एवं अन्य स्थानीय बोलियों की भूमिका असंदिग्ध है। यह भाषा के संव्यवहार एवं इकाईयों के सामाजिक संवितरण के बीच के संबंधों में पूर्वकल्पित रूपांतरण है। यदि जिस तरह कला दैनिक जीवन से संबंधित है उस रूप में कलात्मक आधुनिकता की तकनीकी स्वयं को पुनः रूपाकार देती है जिसे स्वयं विद्यमान "इकाईयों के सामाजिक संवितरण" के सुदृढ बनाने में लगे हुए बौद्धिक अभिजातवाद के संपूर्ण तंत्र का आश्रय लेना पड़ेगा। वास्तव में इसी कारण, बोर्दियों (Bourdieu) ने इसके लिए "सांस्कृतिक पूंजी" नाम से एक पारिभाषित शब्द गढ़ा। इसी प्रकार रैंसियर ने स्वयं एक जगह स्वीकार किया है कि उदाहरणार्थ ब्रेख्त के थिएटर चाहे वे यूनियन हाल में प्रदर्शित हो अथवा आमोद-प्रमोद में संलग्न बुद्धिजीवियों के लिए, वे औपचारिक रूप से एक जैसे होते है- यह एक तरह का सामाजिक दबाव है जिससे कुछ चीजों का उपयोग राजनीति को निर्धारित करने के लिए होता है न कि जिस "व्यवस्था" से यह सम्बंधित है उसको अभिव्यक्त करने के लिये।

स्थानीय स्तर का साहित्य अधिकांशतः समाज, उसकी सभ्यता और संस्कृति को अभिव्यक्त करता है। यह

सामान्य महिलाओं और पुरूषों के रोजमर्रा के जीवन को अभिव्यक्त करता है। इसके अलावा, यह अपने जीवन की उन्नति के लिए लोगों के दैनिक जीवन में होने वाले संघर्ष को प्रतिबिम्बित करता है (पांडेय, 2006)। विधवा विवाह, विस्थापन, बाल विवाह और जाति व्यवस्था जैसे मुद्दों पर आधारित उनके नाटक भोजपुर क्षेत्र के लोगों का मनोरंजन करते हैं। इसके अलावा, वे अपने विचारों के माध्यम से लोगों के बीच जागरुकता भी फैलाने में सक्षम है। उनके नाटक 'बिदेसिया' ने अत्यधिक प्रसिद्धि पाई। यह एक प्रवासी आदमी के बारे में है जो काम की तलाश में कलकत्ता जाता है। सामाजिक विज्ञान संस्थान, इलाहाबाद ने बिदेसिया पर एक प्रोजेक्ट किया और टिप्पणी की है कि, "बिदेसिया" ऐसे लोगों के बारे में एक मुहावरा है जिन्होंने अपना देश छोड़ दिया है और कभी वापस नहीं आए तथा अभिनय कला की यह परम्परा इसी विस्थापन में निहित है। भिखारी ठाकुर का रचनात्मक कार्य उपर्युक्त निर्दिष्ट तर्कों के आलोक में प्रासंगिक है। उन्होंने अपने नाटकों में भोजपुरी संस्कृति को सफलतापूर्वक संरक्षित किया है।

जैसा कि निर्दिष्ट है, मार्क्सवादी साहित्य सिद्धांतों द्वारा दिए गए तर्कों के विपरीत भिखारी ठाकुर के रचनात्मक कार्य को प्रभुत्वशाली बुर्जुआ विचारधारा से हटते हुए देखना संभव है। ये एक निश्चित सीमा तक प्रभुत्वशाली विचारधारा का प्रतिरोध करते हैं। इससे अधिक, यह

साहित्य उन विचारों को भी प्रतिबिम्बित करता है जिस रूप में यह समाज व्यवस्थित है। यह लेखकों के सामाजिक प्रभाव और उनके साधनों, जिसके द्वारा वे अपने साहित्यिक उत्पाद को दर्शकों के सामने प्रस्तुत करते है, को भी प्रतिबिम्बित करता है। यह हमें यह भी बताता है कि कैसे सामाजिक-ऐतिहासिक सन्दर्भ (ऐतिहासिक समय, अर्थव्यवस्था और राजनीतिक संरचना, सामाजिक स्तरविन्यास, और सांस्कृतिक अनुकूलन) लेखक के रचनात्मक कार्य की शैली और विषय वस्तु को प्रभावित करते हैं। इसके अतिरिक्त, भिखारी ठाकुर के रचनात्मक कार्य को सौन्दर्यशास्त्रीय उद्यम के रूप में भी देखना सम्भव बनाना चाहिए, जिससे यह शुद्ध रूप में अपने मनोरंजन अथवा आनन्द के मूल्यों पर विश्लेषित और अनुभव किया जा सके। भिखारी ठाकुर की रचनाएं जो कि प्रायः प्रतिरोध के साहित्य के रूप में देखी जाती हैं और जो मानसिकता तथा उसके द्वारा समाजों में परिवर्तन की क्षमता रखती हैं, को प्रोपगैंडावादी रूप में भी समझा जा सकता है। मैंने यह तर्क दिया ही कि, ये प्रगतिशील जनवादी लेखन परिवर्तन अथवा प्रभुत्वशाली मूल्यों को चुनौती देने की प्रक्रिया को प्रतिबिम्बित करने के बजाय मुद्दों को प्रोपगैंडावादी करने में खत्म होते हैं।

वास्तव में, भिखारी ठाकुर के रचनात्मक कार्य के बारे में समीक्षाएं भी इसी तरीके की हैं जिसमें कोई भी रचनात्मक कार्य प्रोपगैंडावादी समझा जा सकता है।

यथार्थ में भिखारी ठाकुर भोजपुरी के जनकवि थे। भोजपुरी क्षेत्र के लोग उनके नाटकों में अपने जीवन के अच्छे और बुरे पक्षों को देखते थे। वे ग्रामीण जीवन से संबंधित मुद्दों के बेहतरीन लेखक थे।

डॉ. उदय नारायण तिवारी ("भोजपुरी भाषा और साहित्य" पृष्ठ सं. 44-45)

भिखारी ठाकुर लोगों के दैनिक जीवन को लिपिबद्ध करने और प्रस्तुत करने के कारण बहुत प्रसिद्ध हुए। इस अकेले व्यक्ति ने अन्य व्यक्तियों की तुलना में भोजपुरी को अधिक प्रसिद्धि दिलाई। उन्होंने अपने भोजपुरी नाटकों के माध्यम से भोजपुरी क्षेत्र में भोजपुरी भाषा का सफलतापूर्वक प्रचार-प्रसार किया।

डॉ. कृष्णदेव उपाध्याय (भोजपुरी साहित्य का इतिहास, पृष्ठ सं. 409)

तदनुसार, इस अध्याय में पूर्वी उत्तर प्रदेश और बिहार में भिखारी ठाकुर के कुछ साहित्यिक रचनाओं का विश्लेषण किया गया है। भिखारी ठाकुर की सुप्रसिद्ध रचनाएं नाटकों के रूप में है। उन्होंने भोजपुरी में कुछ गीतों का भी लेखन किया है। उनका प्रसिद्ध गीत हिन्दी फिल्म "हजारों ख्वाहिशें ऐसी" की "ऐ सजनी रे" एक अच्छा उदाहरण है (सुधीर मिश्रा द्वारा निर्देशित, 2005)। इस अध्याय

का उद्देश्य भिखारी ठाकुर के साहित्यिक लेखन को उनके सामाजिक सन्दर्भों में उनकी प्रांसगिकता का निर्धारण है।

भिखारी ठाकुर : जीवन और सांस्कृतिक व्यक्तित्व

जीवन परिचय:

जन्म बिहार के छपरा जिला के एक छोटे से गांव में सन 1887 में हुआ था। ठाकुर जाति के नाई थे और बहुत ही गरीब परिवार से थे। ठाकुर एक कवि, संगीतकार, नाटककार, नाटक र्निदेशक, लोकगीतकार और एक अभिनेता भी थे। वे इन सभी रचनात्मक विधाओं में समान रूप से दक्ष थे। उन्होंने नाटकीय प्रस्तुतिकरण के पारम्परिक शैली की विशिष्टताओं को सफलतापूर्वक अपनाया लेकिन साथ ही परिस्थिति की मांग के अनुसार बेहतर होने की आवश्यकता पड़ने पर सुधार करने में कभी नहीं हिचकिचाए। ठाकुर के नाटकों की विषयवस्तु विद्यमान समाज की प्रासंगिक मुद्दों पर केन्द्रित थी। उनके नाटकों के सम्वाद मुख्यतः कविता की शैली में थे लेकिन और अधिक रोचक और मनोरंजक बनाने के लिए वे आसान मुहावरेदार भाषा का भी इस्तेमाल करते थे। वे अपने मंच को पारम्परिक मानदंडों के अनुसार नहीं बनाते थे। वे तीनों ओर से खुले और साधारण, सामान्यतः उठे हुए त्रिभुजाकार शैली के मंच का उपयोग करते थे। एक हिस्सा टेंट की सहायता से बंद किया जाता था। उनके नाटकों की सबसे महत्त्वपूर्ण विशिष्टता उनके सम्वादों की

प्रकृति थी। यह लोगों को अपने मनोरंजन में शामिल किए रहती थी।

शायद यह भारत में किसी भी नाटकीय शैली में इस तरह का पहला अभिनय प्रयोग था (सिंह, 2005)। इस प्रयोग ने नाट्यशाला को एक भवन के रूप में जहां लोग नाट्यशाला में आकर एक स्तर पर बैठकर नाटक देखते हैं, इस परम्परा को नकार दिया। इसने यह एहसास दिलाया की नाटक एक सार्वजनिक अभिनय कला है। परम्परागत और रूढिगत तथा समसामयिक विश्व की चुनौतियों के मध्य के द्वन्द ने नए प्रयोगों को बढ़ावा दिया और उन्होंने अपने नाट्यशाला को गतिशील बनाया। इससे अतिरिक्त, उनकी मुख्य इच्छा मनोरंजन के माध्यम से सामाजिक मुद्दों को अपने नाटकों में उजागर करने की थी।

ठाकुर के नाटक भारत की ग्रामीण समाज के अनेक स्तरों को देखने का जरिया बनते हैं और जीवन तथा कठिन परिस्थितियों के बीच उनकी दशा और दर्शन को देखने के लिए एक अंतर्दृष्टि देते हैं। जिसके बढ़ते दबाव में ठाकुर एक लेखक और नाटककार बने थे। वे समाज के कमजोर तबके से आते थे और इसी से उनकी जातिगत पहचान बनी थी, यह तथ्य उनके रचनात्मक लेखन को देखने के लिए आधार का निर्माण करता है (उपाध्याय, (1972)। ऐसी परिस्थितियों में, वे अपनी

दैनिक गतिविधियों के बीच थिएटर भी करते थे और इसलिए वे समाज में विद्यमान परिस्थितियों के विरुद्ध एक सबल विरोध को उत्पन्न कर पाने में समर्थ हो पाए जो सामंतवाद और जातिवाद के साथ लड़ सकता था। भिखारी ठाकुर का समय राजनीतिक, सामाजिक, आर्थिक आलोड़नों से भरा हुआ था। भारतीय स्वतंत्रता प्राप्ति के संघर्ष के अस्तव्यस्त अवधि में उन्होंने ग्रामीण भारत की उपेक्षित और पीड़ित महिलाओं के मुद्दे को उठाया। यहाँ उनके रचनात्मक लेखन के लम्बे रास्ते का शुरुआती बिन्दु सिद्ध हुआ। ठाकुर के लिए देश के रूप में भारत की आजादी का एक समान और सीधा अर्थ ग्रामीण महिलाओं को उनके कष्टों से मुक्ति दिलाना भी है। वे बड़े शहरों एवं नगरों में जीविका की खोज में अपने पतियों द्वारा परित्यक्त की गई महिलाओं तथा शादी के बहाने बूढ़े आदमियों को जवान लड़कियों को बेचने की क्रूर प्रथा के मुद्दे पर निरंतर लड़ते रहे (सिंह, 2005)। इतनी विपरीत परिस्थितियों के बावजूद ठाकुर एक प्रसिद्ध नाटककार बनें (सिंह, 2005)।

ठाकुर के रचनात्मक साहित्य का संक्षिप्त परिचय -

ठाकुर बंगाल के सामाजिक आन्दोलन से काफी प्रभावित थे। कलकत्ता (वर्तमान में कोलकाता) से वापस आने के पश्चात वे अपने स्वयं के समाज में स्थायी रूप से व्याप्त द्विभागीकरण का सूक्ष्मता से विश्लेषण कर रहे थे। उन्होंने लोक थिएटर एवं लोकगीतों के माध्यम से

आर्थिक, धार्मिक, जातिवाद और लिंग पर आधारित शोषण की समस्याओं को चित्रित करने का निश्चय किया। उन्होंने सन 1919 से लेकर 1965 तक अपनी थिएटर की मंडली के साथ इन मुद्दों पर अनेक नाटकों की रचना की, साथ में यात्राएं की और भोजपुरी क्षेत्र में जागरुकता के सन्देश को फैलाने के लिए इनका मंचन भी किया। इस कारण उन्हें भोजपुरी क्षेत्र की गरीब, उपेक्षित और अशिक्षित जनता से बहुत सराहना भी मिली।

भोजपुरी में बिदेसिया लोक परम्परा में ठाकुर का रचनात्मक **कार्य और जीवन**

"बिदेसिया" प्रवासियों द्वारा अपने प्रियजनों को दिए गए परिचय का भावनात्मक रूप है जो अपनी जन्मभूमि में पीछे छूट गए है और "बिदेसिया" लोक संस्कृति की परिधि के बाहर इस नई लोक संस्कृति का उदय हुआ। यह लोक संस्कृति के अनेक रूपों जैसे कि नौटंकी ((संगीतमय थिएटर) ड्रामा, लोक संगीत और लोक चित्रकारी के रूप में प्रस्तुत किया जाता है। इस अवधि के दौरान लोक थिएटर का एक रूप जिसे "बिदेसिया" भी कहा जाता है, भोजपुर क्षेत्र में विकसित हुआ। बिदेसिया ने बहुत बड़ी संख्या में दर्शकों का ध्यान अपनी ओर खींचा, विशेष रूप से तब जब इसमें भिखारी ठाकुर और उनकी मंडली द्वारा अभिनय किया जाता था। ठाकुर ने कई प्रसिद्ध बिदेसिया नाटकों को लिपिबद्ध किया जो लोकधुनों पर आधारित गीतों

जैसे कि लोरिया, जांतसारी, सोरठी, बिरहा, बारहमासा, चौपायी आदि से भरे हुए है। ठाकुर का पहला नाटक बिदेसिया पूर्वी उत्तर प्रदेश और बिहार के सबसे प्रसिद्ध नाटकों में से एक है। इस क्षेत्र में भिखारी ठाकुर की बहुत अधिक प्रसिद्धि उन्हें एक महान नाटककार (लीजेंड) बना देती है (भिखारी ठाकुर रचनावली, 2005)। पूर्वी उत्तर प्रदेश और बिहार में सैकड़ों नाटक कम्पनी थे जो अपने "**आपको बिदेसिया स्टाइल नाटक कम्पनी**" के नाम से बुलाते हैं, और वे इस क्षेत्र में बहुत लोकप्रिय भी हैं (उपाध्याय, 1972)। ठाकुर के नाटक बिदेसिया ने उनकों तत्काल प्रसिद्धि और लोकप्रियता दिलाई। उनका एक अन्य नाटक 'बेटी बेचवा' जवान लड़की की एक बूढ़े के साथ विवाह की दुर्दशा पर आधारित है। सामंती व्यवस्था उनकी गतिविधियों और उनकी बढ़ती हुई लोकप्रियता के प्रभाव से खुश नहीं थी। इसी तरह से भिखारी ठाकुर अपने ही जीवन काल में एक महानायक बनाये गये थे (सुलभ, 2006)।

उनके सभी नाटकों की लोकप्रियता सामान्य घटनाओं और अनुभवों के वर्णन, प्रवासियों के दुख से संबंधित होने और एक ऐसी विषयवस्तु जो भोजपुरी दर्शकों के सामान्य तार को छूती थी, के कारण थी। हास्यजनक शमन और विद्यमान व्यवस्था पर व्यंग्य के संयोग ने बिदेसिया नाटक को लोककला एवं संस्कृति की एक बेहद लोकप्रिय शैली के रूप में संस्थापित कर दिया। ये नाटकों में विद्यमान

सामाजिक अन्तर्विरोधों जैसे कि वर्ग, जाति, लिंग आधारित शोषण एवं भोजपुरी प्रवासियों के स्थानांतरण की प्रक्रिया पर टिप्पणी भी है (तिवारी, 2005)।

भिखारी ठाकुर का साहित्य: लिंग भेदभाव

ठाकुर अपने नाटकों के माध्यम से महिलाओं के जीवन को, विद्यमान ग्रामीण व्यवस्था में उनकी सामाजिक स्थिति और मनोदशा को विश्लेषित करते हैं। वे महिलाओं के जीवन के विभिन्न पक्षों को स्पष्ट करने का प्रयास करते हैं। उदाहरण के लिए- उनके नाटक "बेटी वियोग" (द सेपरेटेड डॉटर) और "ननद भौजाई" में एक जवान लड़की के जीवन की विडम्बना को देख सकते हैं। विवाहित औरत के जीवन की विडम्बना को उनके नाटक भाई विरोध, गंगा स्नान, पुत्र वध में भी देख सकते हैं। और "बिदेसिया" "विधवा-विलाप", "गबर-घिचोर" और "कलयुग प्रेम" जैसे नाटकों में प्रवासी पतियों के साथ की महिलाओं की स्थिति को देख सकते हैं। बाद के इन नाटकों में, भिखारी ठाकुर ने यह दिखाया है कि किस तरह महिलाएं घर-बार और बच्चों का देखभाल करती हैं। कलयुग प्रेम नाटक की नायिका अपने परिवार का ना केवल देखभाल करती है बल्कि अपने शराबी पति की ज्यादतियों को भी बर्दाश्त करती हैं। ठाकुर ने अपने नाटकों में प्रवास के दौरान अपने पतियों द्वारा पीछे छोड़ दी गई महिलाओं की शुचिता के मुद्दे को सम्बोधित किया है। दहेज समस्या और पुरुषों द्वारा महिलाओं के

किए जा रहे शोषण को बेटी वियोग में स्पष्ट रूप से चित्रित किया गया है जहां एक लालची पिता अपनी बेटी अखजो को एक अमीर बूढ़े आदमी को बेच देता है जो विवाह के तुरंत बाद ही मर जाता है। जिससे अखजो को अपनी बाकी जिन्दगी विधवा के रूप में बितानी पड़ती हैं। नाटक विधवा विलाप में वही अखजो अपने घनिष्ठ संबंधी के हाथों शारीरिक शोषण और आर्थिक कठिनाइयों का सामना करती हैं।

गबर-घिचोर नाटक में, ठाकुर एक बड़ी क्रांतिकारी चरित्र की महिला को निर्मित करते हैं जिसका प्रवासी पति पन्द्रह वर्षों से घर वापस नहीं लौटा है। इस दौरान वह एक अन्य पुरुष के साथ शारीरिक संबंध कायम कर लेती है और और एक बच्चे को जन्म भी देती है। तमाम तरह के आरोपों और शोषण के बावजूद वह समाज से सफलतापूर्वक लड़ती है। और अपने बच्चे का पालन पोषण करती है। ठाकुर अपने इस नाटक में महिलाओं की आजादी के लिए लड़ने के लिए और उनकी औलादों के पालन पोषण के इच्छुक प्रतीत होते हैं।

जैसा कि पहले ही निर्दिष्ट किया गया है कि ठाकुर समाज के प्रचलित मानदंडों को स्वीकार नहीं करते हैं। वे अपने नाटकों के माध्यम से महिलाओं की अवस्थिति को माताओं और बहुओं के रूप में महिमामण्डित करते हैं। अपने नाटक गंगा स्नान में, वे पुत्रवधु के चरित्र पर

आलोचनात्मक रुख रखते है और अपनी सास के साथ उसके व्यवहार को ध्यान में रखते हुए उसका चरित्र एक असम्मानित महिला के रूप में चित्रित करते हैं। अपने नाटक "पुत्र वध" में वे बेटे चेतराम के प्रति बड़की (माता का नाम) के स्नेह पर केन्दित करते हैं। "बिदेसिया" नाटक में वे वेश्यावृत्ति को एक सामाजिक समस्या के रूप में देखते है और यौन कर्मियों के पुनर्रुद्धार के तरीकों का सुझाव भी देते हैं।

भिखारी ठाकुर का साहित्य : दलित और जाति व्यवस्था

भिखारी ठाकुर स्वयं पिछड़ी जाति के नाई के परिवार में जन्मे थे। विद्यमान सामंती समाज में, नाईयों का काम अपने जातीय सेवाओं के अलावा उन्हें उच्च जाति के सभी कर्मकांडों में अपनी सेवाओं देनी पड़ती थी। वे जजमानी व्यवस्था के एक जरूरी हिस्सा थे और अपने संरक्षकों (उच्च जातियों) के ऊपर आर्थिक एवं सामाजिक रूप से निर्भर थे। उनको अपनी सेवाओं के बदले जजमानी व्यवस्था के कानून के अनुसार भुगतान किया जाता था। इसके अलावा, गांव के सामंती मालिकों एवं सबल लोगों द्वारा प्रायः उनका शोषण किया जाता था। ठाकुर ने स्वयं ही इन मुश्किलों का सामना किया था। इसलिए यह वही अशिक्षित और वर्ग के खांचे में बंटा हुआ नाई (बार्बर) ही है जो अपने नाटक लिखते वक्त उनके मन में रहता है। उनके नाटकों में विषय बहुत महत्वपूर्ण है, इसलिए इस वर्ग के दिन प्रति दिन की चुनौतियों को दिखा पाते

है। शायद इसी कारण उनके नाटकों का सबसे प्रमुख लक्ष्य इस निम्न वर्ग के जीवन की इन विषमताओं के बारे में जागरुकता निर्मित करना है और साथ ही वे इन कठिनाइयों से छुटकारा पाने का रास्ता भी सुझाते हैं। वे उस समय के प्रमुख मुद्दों जैसे बाल विवाह, असमान विवाह (किसी बूढ़े व्यक्ति के साथ जवान लड़की का विवाह), पैसे के लिए लड़कियों को बेचना, सम्पत्ति और धन की लालच में छोटे होते जा रहे परिवार, अपराध, नशा, चोरी, जुएबाजी इत्यादि से सामना करते हैं। इन नाटकों का परिणाम बहुत शीघ्र ही महसूस किया जाने लगा और धन के लिए बेटियों को बेचे जाने की आलोचना की गई और सभी द्वारा इस तरह के कार्य का तिरस्कार किया गया। विधवा पुनर्विवाह को प्रोत्साहित किया गया और प्रसंगवश इसी अवधि के दौरान भारत सरकार द्वारा बाल विवाह पर प्रतिबन्ध लगाया गया (सिंह, 2005)।

उनके नाटकों के पात्रों के नाम भी दलित और अन्य निम्न जातियों से आते हैं जैसे कि उपदर, उदवास, झातुल, चितरु इत्यादि जैसा कि विदित है कि इस समय के दौरान दलित और अन्य निम्न तबके की जातियों के नाम सामान्यतः अन्य ऊंची जातियों के नाम जैसे नहीं होते थे। एक अन्य बहुत महत्त्वपूर्ण तथ्य यह है कि उनके अधिकांश अभिनेता भी निम्न जातियों से सम्बन्धित थे। इसलिए यहां पर यह कहा जा सकता है कि ठाकुर ने अपने साहित्य के माध्यम से बढ़ावा देने वाले प्रयास किए

और दलित तथा निम्न वर्ग की जातियों के विकास एवं उत्थान के लिए हर एक तरह के सकारात्मक प्रयत्न किए (तिवारी, 2005)।

निष्कर्ष : टिप्पणी

भिखारी ठाकुर अपने साहित्य के माध्यम से विभिन्न विचारों पर आधारित प्रणाली को विश्लेषित करते हैं, जिस पर समकालीन समाज संगठित है। कभी-कभी वे सामंती, पितृसत्तात्मक समाज के सामाजिक मूल्यों और मानदंडों के अनुरूप चलते हैं, विशेष रूप से अपने नाटक "बिदेसिया" और कलयुग प्रेम में, जहां वे बहस करते हैं कि, एक औरत को अपने पति के प्रति वफादार होना चाहिए और उसे अपने घर, परिवार और बच्चों की देखभाल करनी चाहिये। अतः यह कहा जा सकता है कि भिखारी ठाकुर उसी प्रकार की छद्म चेतना के शिकार थे, जिससे वे लगातार दूर होने का प्रयास कर रहे थे।

यद्यपि, यह स्पष्ट है कि ठाकुर ने अपने नाटकों में महिलाओं के लिए व्यभिचारिता का प्रोपगैण्डा किया है लेकिन उसी समय वे "गबरघिचोर" नामक नाटक में महिलाओं की स्वतंत्रता और यौनिक अधिकारों के लिए संघर्ष भी करते हैं। नाटक बिदेसिया का सकारात्मक पक्ष यह है कि इसी समय में वे इस नाटक में वेश्यावृत्ति के बारे में बात करते हुए इसे वे एक सामाजिक समस्या मानते हैं। यदि हम आधार और अधिरचना मानक को

इस कसौटी पर कस कर देंखे तो यहाँ पाएंगे कि इस तरह का कार्य आर्थिक आधार के परिणामस्वरूप होता है। चूंकि भिखारी ठाकुर स्वयं एक पिछड़े जाति से आते है इसलिए वे स्वयं इतने गरीब है कि अपने जीवन को सामान्य तरीके से नहीं चला पाते। सामाजिक और आर्थिक परिस्थितियां उन्हें विस्थापन और जीविका कमाने के लिए मजबूर कर देती है (सिंह, 2005)। इसलिए सबल वर्ग द्वारा संचालित कार्यों के कष्ट और शोषण में वे अपना जीवन गुजारते हैं, जिसे समकालीन सामाजिक व्यवहार में निषिद्ध माना गया है। इसलिए उनके सभी नाटक दलितों और निम्न जातियों के बारे में सीधे बात करते हैं। अतएव उनकी नाटक मंडली में मुख्यतः दलित और निम्न जातियों का समावेश भी है (भिखारी ठाकुर रचनावली)। उनके नाटकों के चरित्रों का नाम भी दलित एवं निम्न जातियों के नाम पर है। मैशरी के अनुसार साहित्य विचारधारात्मक सम्प्रेषण का सहयोग करता है। निश्चय ही, भिखारी ठाकुर का रचनात्मक साहित्य इसी रूप में एक प्रकार का विचारधारात्मक सम्प्रेषण प्रदान करता है। धन के लिए बेटियों का बेचा जाना एक प्रकार से एक असम्मानित कार्य और अपराध का मामला माना जाता है। इसी अवधि के दौरान भारत सरकार द्वारा बाल विवाह को प्रतिबन्धित भी किया गया (सिंह, 2005)। ठाकुर के साहित्य का विषय सामाजिक व्यवहारों से प्रेरित था और वे चाहते थे कि अन्य सभी लोग भी इन कष्टों से परिचित हों। वे अपने साहित्य के माध्यम से लोगों के

बीच एक विशिष्ट प्रकार की चेतना को प्रोपगेट (प्रसारित) करना चाहते थे जिसके बारे में लुकाच बात करते हैं, जिसमें लूकाच सामाजिक यथार्थवाद को रचनात्मकता का सबसे उत्कृष्ट रूप मानते है जहां लेखक सूचनाओं को मौलिक रूप से ग्रहण करती/करता है, उसमें जीती/जीता है, और एक प्रामाणिक तर्क उत्पन्न करती/करता है।

जैसा कि हम अगले अध्याय में देखेंगे कि ठाकुर और पांडे दोनों का रचनात्मक साहित्य इसी तरह की समान व्यावहारिक पद्धतियों को प्रतिबिम्बित करता है जो सौन्दर्यशास्त्रीय होने के साथ-साथ राजनीतिक भी हैं। जैसा कि रैंसियर कहते हैं कि सौन्दर्यशास्त्र और राजनीति दोनों ही कल्पना, अवलोकन और निर्माण करने से सम्बन्धित है लेकिन, क्या ये इस प्रकार के नहीं है जो कल्पना, अवलोकन और निर्माण करने की सूचना देने वाले इन क्षेत्रों को पृथक-पृथक या विषम करें? वे कहते है कि जितना हिस्सा राजनीति का है उतना ही वह सौन्दर्यशास्त्र में है और उसका वितरण युक्तियुक्त होना चाहिए और यह राजनीति, भावानुभव के एक निश्चित सौन्दर्यशास्त्री संघठन के विघटन के माध्यम से होता है। उपर्युक्त विवेचन के आधार पर यह कहा जा सकता है कि ठाकुर ने अपने साहित्य के माध्यम से राजनीति के क्षेत्र में महत्वपूर्ण प्रभाव डाला है लेकिन इस तथ्य से भी इंकार नहीं किया जा सकता है कि उनके नाटक मुख्य रूप से मनोरंजन के एक रूप भी हैं। इसके अतिरिक्त,

इनमें विचारों की एक प्रणाली है जो कुछ समय सामाजिक मूल्यों के अनुरूप चलती है और कुछ समय उनसे विमुख भी हो जाती है। आगे के अध्याय में, हम यही समान विशेषता गोरख पांडे के साहित्य में भी देखेंगे जिनके साहित्यिक संग्रह को ठाकुर के साहित्य की अपेक्षा ज्यादा क्रांतिकारी माना जाता है।

गोरख पांडे के साहित्यिक कार्य का विश्लेषण

समाजवाद बबुआ

समाजवाद बबुआ, धीरे-धीरे आई
समाजवाद उनके धीरे-धीरे आई
हाथी से आई, घोड़ा से आई
अँगरेजी बाजा बजाई, समाजवाद...
नोटवा से आई, बोटवा से आई
बिड़ला के घर में समाई, समाजवाद...
गाँधी से आई, आँधी से आई
टुटही मड़इयो उड़ाई, समाजवाद...
काँगरेस से आई, जनता से आई
झंडा से बदली हो आई, समाजवाद...
डालर से आई, रूबल से आई
देसवा के बान्हे धराई, समाजवाद...
वादा से आई, लबादा से आई

जनता के कुरसी बनाई, समाजवाद...
लाठी से आई, गोली से आई
लेकिन अंहिसा कहाई, समाजवाद...
महंगी ले आई, ग़रीबी ले आई
केतनो मजूरा कमाई, समाजवाद...
छोटका का छोटहन, बड़का का बड़हन
बखरा बराबर लगाई, समाजवाद...
परसों ले आई, बरसों ले आई
हरदम अकासे तकाई, समाजवाद...
धीरे-धीरे आई, चुपे-चुपे आई
अँखियन पर परदा लगाई
समाजवाद बबुआ, धीरे-धीरे आई
समाजवाद उनके धीरे-धीरे आई

http://kavitakosh.org/ ~गोरख पाण्डेय

मैना

एक दिन राजा मरले आसमान में ऊड़त मैना
बान्हि के घरे ले अइले मैना ना

एकरे पिछले जनम के करम

कइलीं हम सिकार के धरम
राजा कहें कुँवर से अब तू लेके खेलऽ मैना
देखऽ कतना सुंदर मैना ना

खेले लगले राजकुमार
उनके मन में बसल सिकार
पहिले पाँखि कतरि के कहले अब तू उड़ि जा मैना
मेहनत कइ के उड़ि जा मैना ना

पाँखि बिना के उड़े पाय
कुँवर के मन में गुस्सा छाय
तब फिर टाँग तूरि के कहले अब तू नाचऽ मैना
ठुमुकि-ठुमुकि के नाचऽ मैना ना

पाँव बिना के नाचे पाय
कुँवर जी गइले अब बउराय
तब फिर गला दबा के कहले अब तू गावऽ मैना
प्रेम से मीठा गावऽ मैना ना

मरिके कइसे गावे पाय
कुँवर जी राजा के बुलवाय

कहले, बड़ा दुष्ट बा, एको बात न माने मैना
सारा खेल बिगाड़े मैना ना

जबले खून पियल ना जाय
तबले कवनो काम न आय
राजा कहें कि सीखऽ कइसे चूसल जाई मैना
कइसे स्वाद बढ़ाई मैना ना

http://kavitakosh.org/ ~गोरख पाण्डेय

हिलेले झकझोर दुनिया

जनता के आवे पलटनिया
हिलेले झकझोर दुनिया,
हिलेला पहड़वा हिलेला नदी तलवा
हिलेले झकझोर दुनिया,
सगरे में उठेला हिलोरवा
हिलेले झकझोर दुनिया,
हिले लागे एसिया हिलेला अफरीकवा
हिलेले झकझोर दुनिया,
हिलेला अमेरिका लतिनिया
हिलेले झकझोर दुनिया,

हिलेला यूरोपवा हिलेला अमरीकवा
हिलेले झकझोर दुनिया,
हिले लागे चारों महदीपवा
हिलेले झकझोर दुनिया,
लाली पलटनिया के ललकी बनूकिया
हिलेले झकझोर दुनिया,
लाल-लाल फहरे निसनिया
हिलेले झकझोर दुनिया,
मरकस अगुआ लेनिन बड़ अगुआ
हिलेले झकझोर दुनिया,
माओ देखलावेलें रोसनिया
हिलेले झकझोर दुनिया,
लड़लें गुलमवा लड़ेलें मजलूमवा
हिलेले झकझोर दुनिया,
लड़ेलें गरीबवा बेकमवा
हिलेले झकझोर दुनिया,
लड़ेलें किसनवा लड़लें मजदूरवा
हिलेले झकझोर दुनिया,
लड़े मिलि खूनवा पसेनवा
हिलेले झकझोर दुनिया,
लड़ेली बहिनिया लड़ेली महतरिया

हिलेले झकझोर दुनिया,
लड़े सब दुख के संगरिया
हिलेले झकझोर दुनिया,
लड़ेले अपढ़वा लड़ेलें पढ़गितिया
हिलेले झकझोर दुनिया,
कहर मचावेलें जवनवा
हिलेले झकझोर दुनिया,
ढहें महरजवा ढहन लागे रजवा
हिलेले झकझोर दुनिया,
रानी करें धूरि में लोटनिया
हिलेले झकझोर दुनिया,
ढहें जमींदरवा ढहेलें पूँजीपतियाँ
हिलेले झकझोर दुनिया,
ढहेलें दललवा फिरंगिया
हिलेले झकझोर दुनिया,
ढहेलें जुलुमिया ढहेलें सब खूनिया
हिलेले झकझोर दुनिया,
ढहे लूटमार के कनुनिया
हिलेले झकझोर दुनिया,
नकसलबड़िया से चलेले अगड़िया
हिलेले झकझोर दुनिया,

चारु के महान पलटनिया
हिलेले झकझोर दुनिया,
सिरिककुलमवा से आवे भोजपुरवा
हिलेले झकझोर दुनिया,
अब आवे तोहरे सिवनवा
हिलेले झकझोर दुनिया,
बहुते नियरवा अजदिया के दिनवा
हिलेले झकझोर दुनिया,
तूहू लेल तीरवा कमनवा
हिलेले झकझोर दनिया।

http://kavitakosh.org/ ~गोरख पाण्डेय

गोरख ने अपने गीत 'समाजवाद' के माध्यम से कटाक्ष करते हुए ततकालीन सरकार की आर्थिक नीतियों का मखौल बनाया है। उसके साथ वह भोजपूरी समाज के बदहाल का भी एक मूक एवं शुक्ष्म किन्तु अत्यन्त वृहद एवं विस्तृत वर्णन करते है।गीत मैना में वह पक्षी 'मैना' का भौजपुरी नारी के चिन्ह के रूप में प्रयोग करते हुए नारी समाज के कष्ट एवं उनकी पीड़ा का जिक्र करते है, साथ ही इस गीत में समाज की संरचनात्मक बाधाओं एवं पितृसत्तातमक विकारों की अभिव्यक्ति होती है। वहीं

गीत 'हिलेले झकझोर दुनिया' के माध्यम से गोरख कृषि कार्य मे लिप्त श्रमिक जन की इन्ही संरचनात्मक बाधाओं के साथ निरन्तर संघर्ष की व्याख्या करते हुए उनकी विरोधात्मक एवं सामाजिक काया पलट करने की क्षमता का स्पष्टीकरण करते हैं।

इस अध्याय में, मैं भोजपुरी के क्रांतिकारी सुधारवादी लेखक गोख पांडे के साहित्य को देखता हूं, जिन्होंने नाटककार भिखारी ठाकुर की रचनाओं के विपरीत मुख्यतः कविताएँ और गीत लिखे हैं। निश्चित रूप से, जिस तरह से पांडे का साहित्य समाज से संबंधित है, उसका अलग आकर्षण है। भोजपुरी क्षेत्र के सामाजिक राजनैतिक क्षेत्र से सम्बंधित होने के बावजूद, पांडे की कार्य-भावना एक सौंदर्यशास्त्र भरे उद्यम से सम्बंधित है, जिसका चित्रण मुख्यतः लोक-भाषाओं से है। जैसा कि पिछले अध्याय में बताया गया है, राजनीति के कुछ तौर-तरीकों में संवेदनाओं को लेकर रैन्सियर कहते हैं कि पहले राजनीति में एक समुदाय की संस्था के साथ संबंध की एक संभावना बन जाती है, जबकि एक समुदाय अपना आरंभ किसी एक समान चीज़ से करता है। यह समानता किसी राज्य-क्षेत्र में माल का कोई साझा स्टॉक या सहभाजित दावा नहीं है। बल्कि यह तो समझदारी का साझा विभाजन है। अर्थ की सामान्य रूपरेखा के आसपास समुदाय प्रमुख है। दूसरे शब्दों में, जिस समानता पर समाज की स्थापना होती है वह इन्द्रियपरक है और ऐसे में राजनीति की पहले

ही व्यावहारिक ज्ञान के संस्थान के साथ संबंधित होने की एक संभावना बन जाती है। इसके अलावा, समझ से किया गया यह बंटवारा सौंदर्यपरक उपक्रम है, और राजनीति में दांव पर लगा है सौंदर्यशास्त्र।

सौंदर्य और समझ के वितरण के बीच और अन्त में सौंदर्यशास्त्र और भोजपुरी क्षेत्र एवं दिक् में एक अनूठी और नई चीज़ देखने को मिल जाती है जिसे हम, लोगों की आशा को, उनके एहसास एवं और उनकी अनुभूतियों के सन्दर्भ में समझ सकते हैं। ऐसे में राजनीति एवं राजनीति शब्द की एक सटीक समझ की आवश्यकता है। रैंसियर के अनुसार सौंदर्यशास्त्र कलात्मक प्रथाओं की कोई प्रवृत्ति नहीं है और न ही इन प्रथाओं से संबंधित सामान्य सिद्धांत।वास्तव में सौंदर्यशास्त्र भी इंद्रियानुभव का एक सिद्धान्त नहीं है।बल्कि अगर राजनीति और सौंदर्यशास्त्र का संबंध उजागर होना है, तो रैंसियर कहते हैं कि शुद्ध तर्क के आलोचक कांट के अनुसार सौंदर्यशास्त्र को एक ऐसी प्रणाली के रूप में समझना चाहिए, जो अनुभव को समझने के लिए स्वंय को प्रस्तुत करती है।

इसके अलावा राजनीति से सम्बंधित सौंदर्यशास्त्र, कांट की प्राथमिकता के अनुरूप होता है। जिस प्रकार ये मूलरूप में मानव अनुभव के संगठन को निर्धारित करते हैं और इसकी परिस्थितियां प्रदान करते हैं, उसी प्रकार सौंदर्यशास्त्र एक ऐसी प्राकृतिक संरचना प्रणाली में आता

है जो हमारे साझा अनुभव की साझा दुनिया को प्रभावित करता है तथा दिक् का विभाजन करता है ऐसे में राजनीतिक समझ कम या ज्यादा से सम्बन्धित तो है किन्तु इस प्रकार राजनीति सौंदर्यशास्त्र द्वारा नियंत्रित कि जा सकती है।

इसी सन्दर्भ में हम पांडे के गीतों को समझना शुरू करते हैं। सिंह के अनुसार साहित्य में सृजनात्मकता लोक भाषा या बोलियों (1991) पर आधारित है।पांडेय की ज्यादातर रचनाओं में एक समानता दिखाई देती है । इस तर्क को समर्थन देने के लिए मैं सिंह की आलोचना का सम्मान करता हूँ ।

पूर्वी उत्तर प्रदेश और बिहार में आजादी से पहले तथा आजादी के बाद भी कई किसान आंदोलन चलते रहे हैं। ये आंदोलन व्यापक राजनीति से सम्बद्ध एवं लोगों द्वारा ही सृजित और उनके ही नेतृत्व में हो रहे हैं। गोरख पांडे के गीतों में भी आंदोलन के प्रति यही झुकाव देखने को मिलता है, किन्तु उसका स्तर भौगोलिक रूप में बहुत व्यापक नहीं है। पटना और भोजपुर के निकट के क्षेत्रों में 1972-1979 के बीच हुए किसान संघर्षों से उनकी कविताओं का गहरा संबंध था। भोजपुरी और हिंदी में पांडे की कविता नक्सलबारी किसान संघर्ष से भी प्रभावित हुई। असमानता के विरुद्ध वे निरंतर संघर्ष से जुड़े रहे हैं। वंचित लोगों की पीड़ा उनकी कविताओं और गीतों में

क्षणिक नहीं बल्कि एक पुराने चल रहे संघर्ष का परिणाम है, जो हजारों वर्ष पुराना है। अपने शब्दो में उनकी पीड़ा हजारों साल पुरानी है, उनकी वेदना हजारों साल पुरानी है। वे कहते हैं कि, “मैं केवल उनके शब्दों को स्पष्ट करता हूं और एक लय और प्रवाह के साथ संचार करता हूँ”।लेकिन आप डरे हुए हैं क्योंकि आपको लगता है कि मैं उत्तेजक हूं (प्रणय कृष्ण, 2004,पृष्ठ 22)।

पांडे ने एक ऐसे दौर में लिखना शुरू किया, जिसमे विभिन्न किसान संघर्षों का जिक्र किया जा चुका है। भोजपुरी में उनकी कविताओं का उत्कृष्ट उदाहरण है जो स्थानीय स्तर पर है और साथ ही उनमे आधुनिक वैज्ञानिक विचारों का भी स्वाद है।

गोरख जवाहर लाल नेहरू विश्वविद्यालय, नई दिल्ली में पी एच डी करते हुए भी लिखते रहे। उन्होंने सार्त्र पर भी एक निबंध लिखा था। 29 जनवरी 1989 को सिजोफ्रेनिया के कारण उन्होंने तथाकथित आत्महत्या का निदान किया। वह उस समय दर्शनशाश्त्र में पी-एच0डी0 कर रहे थे।

जाति प्रथा के प्रकाश में पांडे ने मूलतः असमानता, शोषण आदि के मुद्दे पर लिखा है। इसी सार को एक कविता, ‘अछूत की शिकायत’ में बड़े विस्तार से देखा जा सकता है यह कविता सरस्वती नामक पत्रिका में 14 सितंबर 1914 में प्रकाशित हुई थी। कविता इस तरह है:

हमारा दिन-रात का शोषण किया जा रहा है, हमें अपने स्वामी/मालिक से भीख मांगनी पड़ती है। ईश्वर भी हमारे दुःख की चिंता नहीं करता, यह शोषण कब तक जारी रहेगा?

यह कविता सामाजिक दशा की प्रकृति का प्रमाण है। यही कहानी है हीरा डोम के शोषण और विवशता की। यह कविता दलितों के दिल से शुरू होती है और इस प्रकार दलितों की दशा में लिखी गई जो किसी अन्य पीड़ापूर्ण कविता से भिन्न है।

ऊपर वर्णित इस तरह के गीत और कविताएं भोजपुरी साहित्य के अच्छे उदाहरण हैं, जो दलित जनता के जीवन को प्रभावित करते हैं।भोजपुरी लोकगीत सामाजिक और राजनीतिक परिवर्तनों के बोझ को प्रतिबिंबित करते हैं।

एक और ऐसा ही सन्दर्भ है जो इस प्रकार है

रेल दुश्मन नहीं है, जहाज दुश्मन नहीं है।

जो मेरे पति को दूर ले गया...पैसा दुश्मन नहीं है

(उपाध्याय में उद्धृत, 1972)

इस गीत में विपक्ष का बल उत्पादन की साम्राज्यवादी और उपनिवेशवादी पद्धति पर नहीं, वरन् उत्पादन की विचारधारा और स्वभाव पर है।आर्थिक दृष्टि से लाभ-हानि

पर आधारित एक तंत्र के रूप में साम्राज्यवाद सामाजिक और मानवीय संबंधों को बहुत हद तक प्रभावित करता है। ऐसे में यह उपरोक्त गीत का सार बन जाता है

गोरख पांडे का जन्म 1945 में उत्तर प्रदेश के देवरिया जिले के एक गांव 'पंडित का मुंडेरा' में हुआ था, जो अब सिसवां महन्थ के करीब जिला कुशीनगर में स्थित है। संस्कृत विश्वविद्यालय से साहित्य में स्नातकोत्तर पूरा कर, वे उसी विश्वविद्यालय में छात्र संघ के अध्यक्ष भी चुने गए। सन् 1973 में उन्होंने काशी हिंदू विश्वविद्यालय से दर्शन शाश्त्र में एक और एम0ए0 किया। उन्होंने उसी विश्वविद्यालय में एक छोटा अनुसंधान पत्र भी प्रस्तुत किया। पत्र का शीर्षक 'धर्म की मार्क्सवादी धारणा' था। भारतीय दर्शन के अनुसार धारणा शब्द का अर्थ बड़ा होता है अतः इसमें अंग्रेज़ी शब्द रिलीजन की कोई तुल्यता नहीं होती। हालांकि इस शब्द का सामान्य प्रयोग इसका अंग्रेज़ी शब्द रिलीजन के बहुत करीब हो जाता है। 1969 के नक्सल आंदोलन के बाद से पांडे ने हिन्दी की मुख्य धारा से अपने को अलग कर लिया। उस समय वे किसानों के आंदोलनों से स्वयं को संबद्ध करते थे और देहाती क्षेत्रों में सक्रिय स्वयंसेवक बन जाते थे। जो इलाहबाद में बहुत सक्रिय था |

गोरख अपनी कविताओं में जन साधारण की मनोवृति की एक तस्वीर प्रस्तुत करते हैं, जैसे उन लोगों का मन कहता हो की हम उन लोगों के दास हैं, जो इस जमीन

से मीलों दूर हैं। हमने अपना खून और पसीना बहाया है, फिर भी हमारा सब कुछ खो चुका है। लेकिन अब यह हमारे धैर्य की सीमा है, अब हम किसान और मजदूर मिलकर इन चोरों से अपना अधिकार प्राप्त करेंगे। पांडे, ज़मीन, 1976 (प्रणय-कृष्ण, 2004)

उपरोक्त गीत में वे भू-स्वामित्ववाद के मुद्दों पर चर्चा करते हैं जो अपने खेतों से दूर रहते हुए भी उसके संचालन का सब नियम बनाते हैं।

समस्या की परिधि और उसका हल गीत की आखिरी पंक्तियों में आता है, जिसमें सब मिलकर अपनी भूमि पर कब्जा करने की इच्छा व्यक्त करते हैं।

जैसा कि मैंने पहले ही उल्लेख किया है, जनमानस में चेतना उत्पन्न करना उनकी कविताओं/गीतों का एकमात्र उद्देश्य है। उनकी अन्य कविताओं में भी देखा जा सकता है सामंती और पूँजीपति राज्य का चरित्र एवं जनता में व्याप्त उनका भय जो गोरख की कविताओं, स्वर्ग से विदा, भूखी चिडिया एवं भेडिया जैसी कविताओं में उदृत है। उनके काव्य का दूसरा पहलू है साम्यवादी अंतर्राष्ट्रीयवाद, जो उनके प्रसिद्ध गीत जनता के चले पलटनिया में स्पष्ट हो जाता है। इस गीत का उद्देश्य सभी तरह के आंदोलनों को स्पष्ट करना है और एक ऐसी दुनिया की कल्पना है जो मुक्त है और जिसमें किसी भी तरह का शोषण नहीं किया गया है।गीत इस तरह से चला जाता है। जब

आम जनता की पलटन चलती हैं, तो धरती टूट पड़ती है, दुनिया हिल जाती है। ऐसी पलटन यूरोप, यूएसए, एशिया, अफ्रीका सभी चार महाद्वीपों को हिला देती है।

इसका अर्थ यह है कि संपूर्ण विश्व, विशेषकर ब्रिटिश साम्राज्य, अमरीका, अफ्रीका और एशिया या कोई यह कह सकता है कि प्रथम और तृतीय विश्व सभी विभिन्न प्रकार के जन-आंदोलनों के विभिन्न संदर्भों पर आधारित प्रभाव के अधीन हैं।

पांडे की कविताओं और गीतों में साम्राज्यवाद और सामंतवाद की भावना के खिलाफ मुहिम भी देखा जा सकता है। पांडे स्वयं भारतीय जन मोर्चा के साथ जुड़े थे।

उनका काव्य किसानों के संघर्षों के बारे में ही नहीं है, बल्कि अन्य जनवादी प्रश्नों के उत्तर भी देता है और सर्वहारा की चेतना की जटिलताओं का उत्तर देता है। इसके अलावा वे स्त्रियों के प्रति बहुत संवेदनशील थे और जमींदारों द्वारा उनके शारीरिक एवं मानसिक शोषण के बारे में अनेक कविताएँ लिखी हैं। जमींदार आज भी हर गांव में हैं और गांव में औरतों का शोषण करते हैं।

उपरोक्त कविता उस ढंग की चर्चा करती है जिसमें जमींदार और उनके पुरुषों ने अपने कार्यस्थल पर महिलाओं का शोषण किया था। इसी कारण पांडे एक दानव की चर्चा करते हैं जो दालों और अनाजों के खेतों

में रहता है।शरारती प्रेत आकृति जमींदार से उपरोक्त कविता में उनकी विचारधारा एवं लोगों की अनुभूति एवं संवेदना से संबद्ध है।

पांडेय के लिए लोक कला और साहित्य की गरिमा तथा इसे स्वीकार करना अत्यंत आवश्यक है।उनका कहना है कि साहित्य के किसी भी अंश को इस प्रकार से लिखा जाना चाहिए कि उसके पाठक या श्रोता, जिक्र किये गए विषयों को पूर्ण रूप में समझ सके (प्रणय कृष्ण 2004) इसी कारण से होली पर उनके गीतों में से एक गीत जागीरदारों द्वारा किसानों के शोषण का गीत बन जाता है।

मुझे बताओ, आप मकान मालिक हो? अकाउंटेंट हो? जिसके नाम यह जमीन है? यह देश कौन है? क्या कागज?, कलम क्या है? क्या घोड़ा है, लगाम क्या है?

इसके बाद 1890 में जोसेफ ब्लॉक के मार्क्सवादी तौर पर विश्लेषण और उच्चस्तरीय विश्लेषण करने के बाद एक आदर्श विचारधारा ने यह स्पष्ट कर दिया कि वह कैसे समाज में हर तरह के उत्पादन और पुनरुत्पादन का आधार है।लेकिन अगर तर्क को आर्थिक तत्व के रूप में प्रस्तुत किया जाता है-केवल निर्धारक पक्ष होने के कारण, तो इसका अर्थ गलत होगा। अधिरचना के विविध तत्व, श्रेणी, संघर्ष की राजनीति के रूप में है, इसके परिणाम, विधि के रूप, धार्मिक विचार और दर्शन भी वैचारिक संरचना के रूप निर्धारित करते हैं।इसलिए

यहां यह कहा जा सकता है कि पांडे की कविताएं और गीत सभी प्रकार के शोषण से सम्बद्ध कड़ी हैं।

चुने हुए साहित्य के विश्लेषण में प्रतिबिंबित मुख्य विषय कार्य के मुद्दे के आसपास ही रहते, गरिमा के साथ जीना, भूमि का स्वामित्व, जागीर और ग्राम-कुलीन वर्ग की स्त्रियों का शोषण, जाति-प्रथा पर आधारित पदानुक्रम आदि के साथ वे किसानों को प्रोत्साहित करते हैं कि वे प्रभुत्व की भूमि को उखाड़ दें, भूमि को अपने अधिकार में लें और आवश्यकता होने पर हथियार भी उठा लें।

उपर्युक्त तर्कों के आधार पर यह बताया जा सकता है कि इस प्रकार का साहित्य एक सामाजिक उत्पाद है क्योंकि इसे समाज में उत्पादित किया गया है और इसका उपयोग भी किया गया है। पर इसके साथ-साथ साहित्य के बारे में व्यापक व्याख्या करना भी बहुत कठिन है। साहित्य का यह कार्य जनमानस की वेदना, संवेदना एवं अनुभूतियों का एक जागृत उदहारण एवं सूचक है।

1985 में गोरख पांडे प्रगतिशील सांस्कृतिक और साहित्यिक मंच ● जन संस्कृति मंच के अग्रणी महासचिव बने। उनके साहित्य में जनसंघर्ष की वास्तविकता स्पष्ट है। मार्क्स और लेनिन की विचारधारा निश्चय ही उनकी रचना के पीछे का मुख्य सिद्धांत है। अपनी (उपरोक्त) कविता में उन्होंने स्पष्ट रूप से एक नारा लगा पाने की संभवता का वर्णन किया है। मार्क्स, लेनिन और माओ पर चार पंक्तियाँ

इस बात की व्याख्या करती है कि किस प्रकार मार्क्स और लेनिन ने आंदोलन का नेतृत्व अपनी विचारधारा से किया है।माओ उस आंदोलन को प्रकाश प्रदान करते हैं, जिसका अर्थ यह है कि वह उस मार्ग को दिखाते हैं।

पांडे ने एक और कविता इन्कलाब (क्रांति गीत) में गरीबों के सामने होने वाली विभिन्न समस्याओं पर विचार-विमर्श किया था। गीत इस प्रकार है: हमारी इच्छाओं का नाम पूछताछ है।

हमारे प्रयास का नाम है पूछताछ, आज हमारे पास एकमात्र कार्य है, सभी लूटपाट और लूट का जवाब मैं और मैं ही सारे अभाव का उत्तर हूँ। यातना, हमारे सभी सवालों का जवाब है। सभी सामंती शक्तियों का अंत हमारी पीड़ा है, हर नई दुनिया का विकास पूछताछ है,

विकास इन्क़लाब है।

सुनो! दलित लोगों की आवाज़ इनकलाब है, उम्मीद की किरण है, इसलिए खड़े हो जाओ क्योंकि हमारे जैसे वंचित लोगों का एकमात्र तरीका इंकलाब है।

और चलते रहो, क्योंकि समय का आह्वान भी है पूछताछ।

एक अन्य कविता में भी वो खेतिहर और भूमिहीन खेतिहर मजदूरों की समस्याओं पर विचार करते हैं। कविता का शीर्षक गुहार (अनुरोध) है। इस कविता में साथी किसान

अपने अधिकारों की खातिर खड़े होने और अपनी जमीन जमीनदारों से ले पाने के लिए एक-दूसरे को निहत्था बताते हैं।

किसानों का संघर्ष अब शुरू हो चुका है, बड़े भाई हमारे साथ लड़ो। कब तक आप अपनी आँखों के बंद होने के साथ सो जाओगे? और खुशी के कितने समय तक सपने देखते रहोगे? तुम्हारे पसीने की बूंदें सब कुछ सोना में बदल देती हैं, लेकिन वे तुम्हें चूसते हैं और अपने पेट भरते हैं। और तुम्हारे लिए सिर्फ थोड़ा सा अनाज है, बड़े भाई, हमारे साथ लड़ो, आओ। वे अपने बच्चों के साथ अपनी सेनाएं बनाते हैं और उन्हें आप का रास्ता तोड़ देने का आदेश देते हैं और कहते है यह जेल है, यह कोर्ट है। ओह, बड़े भाई हमारे साथ लड़ो। आओ दुनिया आपकी उंगलियों पर है, लेकिन आपको जो भी मिलता है वह नरक की आग है। उठो, हम लोगो को इस संरचना को उखाड़ना है, हमारे साथ लड़ाई लड़ो, आओ। ओह, बड़े भाई यह सेना अपने ही खून से और आग बढ़ाती है।खेतों और कारखानों की लाल सेना, रात और दिन तुम्हें बुला रही है। ओह, बड़े भाई हमारे साथ लड़ो, आओ।

उपसंहार

और पांडे खुद एक मार्क्सवादी थे और सीपीआई (एमएल) के सदस्य थे। उनके गीतों में ऊंची जाति के जमींदारों और गरीब तथा निचले वर्गों पर हावी जातियों के शोषण का वर्णन मिलता है। इनमें कुछ कविताएं, जैसे ओह, इंकलाब और गुहार ने शोषकों के विरुद्ध क्रांति के आह्वान पर चर्चा की है। इन कविताओं से यह भी संकेत मिलता है कि अब किसानों ने अपने को एक वर्ग के रूप में पहचान लिया है और अब उनके बीच एकजुटता की भावना है।

वह भोजपुरी बोलने वाले क्षेत्र के थे और भोजपुरी मजदूरों की समस्या से वाकिफ थे। और इनपर प्रतिक्रिया के लिए उन्हें प्रवेश बिन्दु की जरूरत नहीं पड़ी। वह बोर्दियों के साहित्य के क्षेत्र के समान ही है, जो शक्ति के क्षेत्र में स्थित है। यह शक्ति उच्च वर्ग के लोगों के हाथ में थी अतः पांडे की भाषा को इस रूप में अपनाया गया था जिससे समाज की सत्ता को एक दूसरे के प्रति बैर-भाव के रूप में देखा जा सके। यहां दिलचस्प बात यह है कि पांडे स्वयं एक ब्राह्मण परिवार के थे, जिसे उच्च श्रेणी का माना जाता है। अतः पांडे शक्तिशाली बने रहे।

जैसा कि मैशरी और एल्थूजर ने बताया है, कोई भी साहित्य किसी प्रकार की विचारधारा से निर्देशित होता

है।साहित्य एक वैचारिक ढांचे का ही अंग है लेकिन इसमें संभावना है कि साहित्य/कला का संबंध विचारधारा से भी है और उससे भी दूर हो जाता है। पहले मामले में साहित्य किसी प्रकार की विचारधारा को प्रतिबिंबित करता है जो सामान्यतया प्रधान विचारधारा होती है। और दूसरे में एक प्रकार की विचारधारा प्रतिबिंबित होती है जो प्रभावी विचारधारा के विपरीत होती है। और एक तरह से प्रभावी विचारधारा को चुनौती देती है।यहां पांडेय का साहित्य दूसरी श्रेणी में आता है जिसमें प्रमुख वर्ग के लोगों के विचारधारा को चुनौती दी जाती है, और इससे उनके विरुद्ध खतरा पैदा हो जाता है।कवि की कविताओं और गीतों में इस कविता का अच्छा खासा उल्लेख मिलता है। उनके काम की विषयवस्तु का वर्णन मुख्यतया स्थानीय सामाजिक संरचना के निचले वर्गों की सामाजिक स्थिति से होता है।

निष्कर्ष

इस पुस्तक में मैंने भिखारी ठाकुर और गोरख पांडे की रचनाओं में भोजपुरी गीतों, नाटकों और कविताओं के विशिष्ट संदर्भ में समाज और साहित्य के बीच के संबंध को देखने का प्रयास किया है। मैं इस विचार को संबोधित करते हुए कह रहा हूं कि मार्क्सवादी सिद्धांतों की व्याख्या की जाने वाली प्रमुख विचारधाराओं के प्रति इन लेखकों की कृतियों को क्रांतिकारी और प्रतिरोधक माना गया है। मार्क्सवादी अर्थ में प्रभावी विचारधारा जनता के उन प्रभावशाली वर्ग के लोगों के बीच फैली हुई एक झूठी चेतना है, जो अपने वर्ग के हितों की रक्षा करने में असमर्थ हैं। लेकिन मैंने इस पुस्तक में यह दिखाने की कोशिश की कि ये रचनाएँ रूसी आंदोलनवाद और प्रोलेटकल्ट रणनीतियों के मामले में आंदोलन के प्रचार में शामिल हो गई हैं। अर्थात् इन रचनाओं को जनमानस की प्रेरणा के लिए आंदोलनकारी, राजनैतिक और सौंदर्यपरक दोनों उद्यमों का संयोजन कहा जा सकता है। वास्तव में ऐसा स्वयं राजनीति के स्वभाव के कारण ही संभव है। विद्वेषी-क्षेत्र से अलग होकर, राजनीति को एक ऐसी वस्तु के रूप में समझना संभव है जो एक सामान्य ज्ञान

की रचना पर निर्भर करती है और जिसे आम जनता जानती है। जनता की संवेदनशीलता, किसी भी राजनैतिक गतिविधि या लेखन खासकर सौंदर्यशास्त्र पर निर्भर करता है। इन दोनों लेखकों के स्थान पर सौंदर्यबोध बोध का अग्रदूत होता है। इनकी रचनाओं में जनसामान्य की मनोस्थिति, मनोवृति, आशा एवं अनुभूति का संयोजन है।

जिस ढंग से मार्क्सवादी साहित्य के सिद्धांत ने समाज और साहित्य के बीच के रिश्ते को देखा है, उसे सम्बोधित करने के बाद अध्याय दो में मैं भिखारी ठाकुर और उनके द्वारा प्रस्तुत साहित्य के मामले को देखता हूं। मैंने तर्क दिया कि यद्यपि ठाकुर ने अपनी रचनाओं के माध्यम से राजनीतिक क्षेत्र में प्रभाव डाला, पर इस बात से इंकार नहीं किया कि उनके नाटक प्रमानुकूल थे। इसके अलावा, उनमें विचारों की एक ऐसी प्रणाली भी थी जो कभी-कभी सामाजिक मूल्यों के अनुरूप होती थीं और कभी-कभी उनसे विलग हो जाती थीं।

इसी प्रकार, तीसरे अध्याय में पांडे के लेखन का विश्लेषण इस बात पर आधारित है कि किसी व्यवस्था के विरोध से उभरने वाली राजनीति का उभार किस तरह उभरा है, इसके मूल में एक सौंदर्य बोध है कि यह समझ का पुनर्वितरण कर सकता है और सार्वजनिक चेतना में यह बदलाव ला सकता है कि कि हम कैसे हैं, और कैसा दिख रहे हैं?

दो-तीन अध्यायों में मैंने इस बात का अध्ययन किया है कि साहित्य को सौदर्यशास्त्र का उद्यम माना जा सकता है, ताकि उसका अन्वेषण किया जा सके और उसके विशुद्ध रूप से मनोरंजन या मनोरंजन के मूल्य का अनुभव किया जा सके। इस प्रवृत्ति को अक्सर प्रतिरोधक और मानसिक व्यथा बदलने की क्षमता के उपसर्ग की दृष्टि से साहित्यिक कला का भी प्रचारक माना जा सकता है। मैं कहता हूं कि, यहाँ प्रभावशाली मूल्यों को चुनौती देकर कला के सौंदर्यात्मक मूल्य का प्रचार किया जाता है, जिसकी अकसर मार्क्सवादी चिंतक भर्त्सना करते हैं।

साहित्य जो क्रन्तिकारी सुधारवादी और प्रतिरोधी बनने का प्रयास करता है वह प्रबंधात्मक कला के क्षेत्र में स्थित होता है। जैसा कि ईलल ने बताया है कि यह प्रचार भी एक आंदोलन का उद्देश्य है। भले ही यह विरोधी होता है, पर यह एक सुस्थापित व्यवस्था को अपदस्थ करने का प्रयास अवश्य करता है, लेकिन इसके साथ ही आदतों, विश्वासों और निर्णयों की मनोवैज्ञानिक बाधाओं को दूर करने के लिए भी इसका उपयोग किया जा सकता है। प्रचार का भी एकीकरण प्रभाव होता है और इसलिए अप्रभावी हो सकता है क्योंकि यह प्रभावी तो होता है और साथ ही समाज के मूल्यों का विरोध करता है। इसलिए मैंने यह तर्क दिया है कि पांडे और ठाकुर की कृतियां प्रबल विचारधाराओं के प्रति प्रतिरोध होने के बावजूद प्रचारात्मक साहित्य के क्षेत्र में आ जाती हैं और

लोकप्रियता की दृष्टि से भी बढ़ जाती हैं, क्योंकि वे उनकी आकर्षक प्रेरणा को प्राप्त करते हैं।

मार्क्सवादी साहित्य-सिद्धांत के द्वारा प्रस्तुत साहित्य की समझ से, जो कि साहित्य को प्रभावी वर्ग-सिद्धांत या झूठी विचारधारा को प्रतिबिंबित करने के बीच घुलने लगता है और/या उससे दूर जाने की कोशिश करता हुआ दिखता है। पहले अध्याय में मैंने मार्क्सवादी सिद्धांतों में साहित्य की समीक्षा की, जो साहित्य के इन दो आयामों पर प्रकाश डालता है। इस अध्याय के माध्यम से, मैं अपने पहले उद्देश्य को संबोधित कर सकता हूं, जो कि सिद्ध करना था,

'साहित्य को प्रभावी बुर्जुआ विचारधाराओं से दूर होते हुए देखना संभव है'। इस प्रकार ग्रंथों, कविताओं और नाटकीय लेखन के अन्य रूपों को प्रमुख वर्गों द्वारा उत्पन्न झूठी चेतना के विरोध में देखा जा सकता है।

इस पुस्तक में प्रस्तुत अपने तर्क के माध्यम से जो मैंने भिखारी ठाकुर और गोरख पांडे की रचनाओं के अध्ययन के उपरांत संगठित किया है, जो सामान्य रूप से जन साधारण एवं विशेष रूप से महिलाओं के मन के विह्वल प्रत्यक्ष बोध का चित्रण है, जिसमे उनकी अनुभूति एवं संवेदना के आधार पर जिस सामाजिक व्यवस्था की कल्पना की जाती है, उस पर अपना ध्यान केंद्रित किया है।

ग्रंथ सूची

- एल्थूज़र, ए. 1965. फॉर मार्क्स. लंदन वर्सो।
- बख्तिन, एम. 1984. स्पीच जार्नस एण्ड अदर लेट एस्सेज़ आस्टिनः युनिवर्सिटी ऑफ टेक्सास प्रेस।
- बार्थ्स, आर, 1975, द प्लेज़र आफॅ द टेक्सट ट्रान्सलेटेड-रिर्चड मिलर. लंदनः हिल एण्ड वॉन्ग।
- बुर्दियो, पी. 1966. द रूल्स ऑफ आर्टः जेनेसिस एण्ड स्ट्रक्चर ऑफ द लिटरैरी फील्ड. कैलिफोर्नियाः स्टैंफोर्ड युनिवर्सिटी प्रेस।
- बुर्दियो, पी. 1983. द फील्ड ऑफ कल्चरल पोडक्शनः एस्सेज़ ऑन आर्ट एण्ड लिटरेचर, कैम्ब्रिजः पालिटी प्रेस।
- डालमिया, वी. 2006. इंडियाज लिटरैरी हिस्ट्री-एस्सेज़ आन टेन्थ सेंचुरी. नई दिल्लीः परमानेन्ट ब्लैक।
- डिकेन्स, सी. 1838. ओलिवर ट्विस्ट. लन्दनः चॉपमान एण्ड हॉल।

- ईगल्टन, टी. 1976. क्रिटिसिज़्म एण्ड आईडियोलॉजी लंदनः नई दिल्ली लेफ्ट बुक्स ईगल्टन, टी. 1976. मार्क्सिज़्म एण्ड लिटरैरी क्रिटिसिज़्म. लंदनः मैथ्यिूज एण्ड कंपनी लिमिटेड।
- ईगल्टन, टी. 1976. रेमण्ड विलियम्स 'इम्पॉर्टेन्ट वर्क्स. न्यूलैफ्ट रिव्यू-जनवरी.फरवरी 1976।
- ईलल, जे. 1973. प्रोपॉगैन्डा. द फार्मेशन ऑफ मेन्स एटिट्यूड. न्यूयॉर्कः विंटेज बुक्स।
- फोक्स, ए.पी. 1983. लिटरेचर एण्ड प्रोपागैन्डा. लंदन, मैथ्यिूज एण्ड कंपनी लिमिटेड।
- गोल्डमॉन, एल. 1975. टूर्वड्स सोश्यॉलजी ऑफ द नावेल. लंदनः टैविस्टॉक पब्लिकेशन्स लिमिटेड।
- ग्राम्शी, ए. 1977. सलेक्शन्स फ्रॉम पॉलिटिकल राईटिंग्स, 1910-1926. लंदनः लॉरेन्स एण्ड विर्शाट।
- ग्रिफिन, रॉर्बट एण्ड टिक टिल्मॉन. 1998. द एस्थेटिक्स ऑफ थार्सटीन रिविज़िटेड इन कल्चरल डाईनॉमिक्स (10 नवम्बर 1998) सेज पब्लिकेशन्स लिमिटेड. ग्रिसवॉल्ड, डब्ल्यू. 1993. रिसेन्ट मूव इन द सोशियोलॉजी ऑफ लिटरेचर,

एनुअल रिव्यू ऑफ सोश्यॉलजी. 1993, 19:455-67।।

- आईसेर, डब्ल्यू. 1978 द इम्प्लाईड रीडर. पैर्टन्स ऑफ कम्यूनिकेशन इन प्रोज़ फिक्शन फ्रॉम बन्यान टू रैकेट बाल्टिमोर. जान्स हाप्किन्स युनिवर्सिटी. लेनिन वी. आई. 1987. एसेन्शियल वर्क्स ऑफ लेनिन. श्वॉट इज़ टू बी डन ? एण्ड अदर राईटिंग्स. लंदनः डोवर पब्लिकेशन्स।

- कॉन्ट, आई. 1900. क्रिटीक ऑफ प्योर रीज़न. न्यूयॉर्कः कोलोनियल प्रेस. लूकाच, जी. 1972. पोलिटिकल राईटिंग्स. 1919-1929. लंदनः एन. एल.बी. मैशरी, पी. 1995. द आब्ज़ेक्ट ऑफ लिटरेचर. कैम्ब्रिजः कैम्ब्रिज युनिवर्सिटी प्रेस।

- मार्क्स, के. एण्ड एंगेल्स, एफ. 1938. जर्मन आईडियॉलोजी लंदनः लॉरेन्स एण्ड विर्शाट।

- मार्क्स, के. एण्ड एंगेल्स, एफ. 1970. कम्युनिस्ट मैनिफेस्टो, होमन्ड्सवर्थः मेथ्युन बुक्स।

- मार्क्स, के. एण्ड एंगेल्स, फ. 1978. ऑन लिटेरेचर एण्ड आर्ट. मॉस्कोः प्राग्रेसिव पब्लिकेशन हाउस।

- मार्क्स, के. 1979. ए कॉन्ट्रिब्यूशन टू द क्रीटीक ऑफ पोलिटिकल इकॉनोमी. नंदनः इण्टरनेशनल पब्लिकेशन।
- ओरसिनी, एफ. 2002. हिंदी पब्लिक स्फेयर 1920-1940: लैंगुएज एण्ड लिटरेचर इन द एज ऑफ नेशनलिज्म. नई दिल्लीः ऑक्सफोर्ड युनिवर्सिटी प्रेस।
- पांडे, जी. 1983. 'जागते रहो सोने वालों'. दिल्लीः राधकृष्ण प्रकाशन।
- पांडे, एम. 2006. साहित्य के समाजशास्त्र की भूमिका, दिल्लीः गोयल इण्टरप्राइजेज़।
- प्लॉखनोव, जी. 1998. ऑन द एलीड क्राइसिस इन मार्क्सिज़्म, सलेक्टेड फिलोसोफिकल वर्क्स इन फाइव वाल्यूम्स।
- प्रकाश, ए. 2002. एप्रोचेज़ इन लिटरैरी थियरीः माकर्सिज़्म. दिल्लीः वर्ल्ड व्यू पब्लिकेशन्स।
- पोलॉक, एस. 2004. लिटरैरी कल्चर्स इन हिस्ट्रीः रीकन्सट्रक्शन्स फ्रॉम साउथ एशिया, नई दिल्लीः आक्सॅफोंड युलिवर्सिटी प्रेस।
- प्रणय कृष्ण. 2004. समय का पहिया. सलेक्टेड पोएम्स ऑफ गोरख पांडे. मुम्बई, मेरठः सम्वाद।

- राय, ए. 2000. हिन्दी नेशनलिज़्म. दिल्लीः ओरियण्ट लांगमैन।
- राय, एस . 2013. टू लीडिंग भोजपुरी आर्टिस्ट्स. फैजाबादः कोशल पब्लिकेशन्स।
- रैन्सियर, जे. फ्रॉम पोलिटिक्स टू एस्थेटिक्स. 2 वाल्यूम, 28डी. ओ. आई. 103366/ पैरा. 2005.28.1.13 आइ. एस. एस. एन. 0264-8334. उपलब्ध ऑनलाइन. मार्च 2005।
- रोज़, जे. 2007. द लास्ट रेज़िस्टेन्स. लंदनः वर्सो।
- सिंह, एन. पी. 2005. भिखारी ठाकुर रचनावली. पटनाः बिहार राष्ट्रभाषा परिषद।
- सिंह, एन. 1991. कार्ल मार्क्सः आर्ट एण्ड लिटरैरी क्रिटिसिज़्म. नई दिल्लीः राजकमल प्रकाशन।
- स्टार्क, उ. 2007. ऐन एम्पायर ऑफ बुक्सः द नवला किशोर प्रेस एण्ड द डिफ्यूजन ऑफ द प्रिंटेड वर्ल्ड इन कोलोनियल इण्डिया. नई दिल्लीः परमानेन्ट ब्लैक।
- तिवारी, यू. एन. 1983. भोजपुरी भाषा और साहित्य. पटनाः बिहार राष्ट्रभाषा परिषद।

- उपाध्याय, के. 1972. भोजपुरी साहित्य का इतिहास, वाराणसीः इंडियन फोक कल्चर इंसटिट्यूट।
- वाल्मिकी, ओ. पी. 2003. जूठन-एन अनटचेबल्स लाईफ. कोलम्बियाः कोलम्बिया युनिवर्सिटी प्रेस।
- विलियम्स, आर. 1999. मार्क्सिज्म एण्ड लिटरेचर. लंदन राउटलेज।
- दामोदरन, एस. 2006. प्रोटेस्ट थ्रू म्यूज़िक. डाक्युमेन्टेशन एण्ड एनालिसिस ऑफ द स्ट्रक्चर, कन्टेंट एण्ड कन्टेक्स्ट ऑफ द म्यूजिकल ट्रैडिशन ऑफ इप्टा. दिल्लीः इन्डिपेन्डेंट फलोशिप, सराय, सी.एस.डी.एस.।
- सुलभ, एच. 2006. 'बटोही' इन रंग प्रसंग- वर्ष 9, अंक 3, जुलाई-सितम्बर. नई दिल्लीः राष्ट्रीय नाट्य विद्यालय।
- नोट: वीकीपीडिया (गुगल)ः इंटरनेट. कुछ विशेष एंव अनुप्लब्ध संदर्भ हेतु।

www.ingramcontent.com/pod-product-compliance
Lightning Source LLC
LaVergne TN
LVHW100335181026
850499LV00039B/1081
* 9 7 8 9 3 5 4 5 8 0 8 8 8 *